바울 해석과 한국 사회 주변부

바울 해석과 한국 사회 주변부

2019년 6월 24일 초판 1쇄 인쇄
2019년 6월 28일 초판 1쇄 발행

지은이 | 신익상
펴낸이 | 김영호
펴낸곳 | 도서출판 동연
등 록 | 제1-1383호(1992. 6. 12)
주 소 | 서울시 마포구 월드컵로 163-3
전 화 | (02)335-2630
전 송 | (02)335-2640
이메일 | yh4321@gmail.com
블로그 | https://blog.naver.com/dong-yeon-press

ISBN 978-89-6447-516-4 93230

이 저서는 2015년 대한민국 교육부와 한국연구재단의 지원을 받아 수행된 연구임
(NRF-2015S1A5B5A01013473)

바울 해석과
한국 사회 주변부

신익상 지음

동연

머리말

우리 명랑이랑 둘이

광화문을 다 걸어 보네

살랑살랑 햇살이

겨울을 어루만져 잠재우고

이상하게 조용한

한낮

우리 명랑이가

은행에를 다 들르고

버스에 다 타 보네

저 인간이 맨날

어디 나가나 궁금했지?

뭐하고 다니나 궁금했지?

버스를 내려

비탈길을 걸어서

알지, 명랑아?

우리 집이지?

한 계단, 두 계단, 세 계단, 네 계단,

한 층, 두 층, 세 층, 네 층,

다 왔네!

상자에 담겨 나갔다가

단지에 담겨 돌아왔네

아, 우리 예쁜 명랑이……

_ 황인숙, <우리 명랑이랑 둘이>(「릿터」, 2017년 5월호)

이 시가 주는 반전은 평범한 일상생활 한가운데 언제든 훅 들어올 수 있는 죽음에 있다. 작가는 햇살을 느끼며 광화문을 걷고, 은행에도 들렀다가, 버스를 타고, 비탈길을 올라 집으로 돌아오는 지극히 평범한 삶의 한나절을 "우리 예쁜 명랑이"의 죽음과 동행한다, 단 둘이서. 살랑살랑 햇살이 어루만져 잠재운 건, 어쩌면 명랑이었을지도, 아니면 명랑이의 죽음이 몰고 온 혹독한 겨울 같은 고통이었을지도 모르겠다. 작가와 명랑이가 마지막으로 오롯이 함께 보낸 한나절의 나들이는 그렇게 애도의 시간이 된다.

우리 사회에서 일반적으로 죽음을 애도하는 기간은 3일이다. 신기하게도 이 기간은 예수의 십자가와 부활 사이의 시간 간격과 같다. 말하자면 3일의 애도 기간은 정확하게 십자가에서 부활로의 이행 기간과 일치한다. 어쩌면 애도의 기간은 죽은 자의 부활에 걸리는 시간, 죽음의 죽음이 완료되는 데 걸리는 시간, 살랑살랑 햇살이 죽은 이와 산 이의 겨울과 같은 고통을 잠재우는 시간, 고통이 든 잠의 깊이만큼 새로운 삶의 힘이 자라나는 시간은 아닐까?

　그렇다면, 애도의 기간은 지켜져야 한다. 부활로 나아가기 위해서는 십자가라는 고난뿐만 아니라 십자가를 부활로 이어줄 기간이 필요하다. 요컨대, 십자가에서 부활로 넘어가기 위해서 애도의 기간이 시작되어야 한다. 십자가의 사무치는 아픔에 침잠할 충분한 시간과 그 아픔을 이겨낼 힘을 기를 넉넉한 시간이 절실하다. 개인적인 차원이건 사회적인 차원이건 우리는 고통의 굽이마다 애도를 감행해야 한다. 애도의 현장에 함께 모여 애도를 격려해야 한다.

　그러니, 부활을 꿈꾸기 전에 십자가를 애도하는 이야기를 나누어보자.[1]

　내가 젊은 시절을 보낸 교회는 가난한 이웃들이 많은 동네 끝자락에 있었다. 관악산 줄기 한구석을 차지하며 나무숲 대신 빽빽하게 늘어선 판자촌 언덕을 내려가다 보면 산골짜기 맨 아래 동네에 웅장하게 들어선 교회를 만날 수 있는데, 바로 그 교회다. 성공과 성장을 강조하던 군사독재 정권의 시대에, 축복과 안녕을 바라는 가난한 이들의 소박한 소망이 이 교회를 향했고, 그래서 이 교

---

1) 이하의 네 문단은 졸고, "기독교가정, 용기있는 가난으로 가난을 넘어서다," 「새가정」 711 (2018.06): 14-18의 내용 중 일부를 발췌하고, 이 글에 맞게 수정하거나 확장한 것입니다.

회는 가난한 사람들 사이에서 번영을 누릴 수 있었다. 가난으로 뒤덮인 서울 변두리 판자촌 한가운데서 번영하는 교회를 다니던 나는, 상대적으로 덜 가난하다는 사실에 '나는 중산층이지' 하는 착각을 하며 불확실한 미래를 신앙으로 견디고 있었다. 성가대는 물론 교회학교 교사, 청년부 임원, 찬양팀 활동 등등으로 교회 생활에 빠져있던 내게 주일은 그야말로 숨 가쁘게 돌아가는 '천국의'(그래서 이미 '부활한') 하루였다.

그렇게 보내던 그 많은 주일 중 어느 날이었다. 중고등부 예배가 막 끝나고 점심을 하려던 무렵, 교회에 급한 전갈이 왔다. 예배를 드리고 집으로 돌아가시던 한 할아버지께서 고갯길 한가운데서 쓰러지셨다는 소식이었다. 나는 소식을 듣기 무섭게 할아버지께서 쓰러져 계시다는 곳을 향해 달려 올라갔다. 왜 그랬는지는 모르겠다. 아무것도 할 수 있는 게 없을 텐데, 그래도 무언가 '할 수 있는 게' 있을지도 모른다는 막연한 생각을 하며, 아니 무언가 '해야만 할 게' 있을 거라는 생각을 하며 달렸던 것 같다.

판잣집들이 즐비하게 늘어선 좁은 오르막길을 달리자 길게 이어지던 판잣집들이 잠시 끊기고 작은 산등성이처럼 드러난 비좁은 경사로가 나타났다. 그곳이었다. 왼손엔 미처 떨어져 나가지 못한 지팡이가 달려있었고, 오른손 건너편엔 성서가 나뒹굴고 있었다. 양팔을 벌리신 채 그대로 앞쪽으로 고꾸라지신 할아버지의 그 모습은, 영락없이 예루살렘 성문 밖에 서 있는 십자가였다. 그 십자가에 달리신 이는 목사도, 장로도, 권사도, 집사도, 그 누구도 아닌, 번영과 성장을 구가하던 교회 내에서 한 번도 이름 석 자 제대로 알려지지 않으셨던, 예배를 드린 후 외롭게 판자촌을 오르시던 어떤 가난한 할아버지였다.

언덕길 오르막 방향으로 가난으로 얼룩진 달동네의 대지를 품듯 두 팔을 벌려 십자가를 지신 할아버지의 죽음을 등지고 내려다보면 또 하나의 십자가, 거대한 덩치의 교회 건물에 찰싹 붙어 황금빛으로 빛나고 있는 커다란 십자가가 보인다. 이름 석 자 알 리 없고, 일면식도 없으셨던 가난한 할아버지가 그려내는 십자가와 내 청춘 거의 모든 추억이 담겨있는 교회에 걸려있는 십자가 사이에서, 무언가 해야 할 만한 게 딱히 없었던 무력한 내게 벌어진 일은 죄책감에 휩싸인 혼란스러움이었다. 나는 그때, 왜 두 십자가 사이에서 영문도 모르고 혼란스러웠던 것일까?

그때의 혼란함이 던진 물음이 무엇이었던 건지 정확히 모른 채, 그렇기에 그에 대한 답 또한 무엇일지 짐작조차 못 하는 채, 오랜 시간이 흘렀다. 하지만 그때의 감정과 할아버지의 뒷모습은 —그래서 그분의 앞모습은 전혀 알지 못한다— 내 이후의 삶에 하나의 화두로 계속 따라다녔다. 지금 이 순간도 할아버지가 그려냈던 십자가는 여전히 내게 화두다.

이 화두에, 지금의 상황과 입장에서, 하나의 선문답을 시도해볼까 한다. 혹시, 화두가 던지는 물음은 이런 것 아니었을까? "무엇이 진짜 십자가인가? 무엇이 부활로 나가는 길인가?" 명랑이의 명랑한 하루 한나절은 이 물음에 답을 주는 듯하다 — "애도가 필요한 십자가"라고.

한국 사회는 지금도 지연된 애도로 가슴이 먹먹한 십자가들이 켜켜이 쌓인 역사의 퇴적층이다. 2016~2017년 촛불항쟁은 이 퇴적층을 이루고 있는 층리들이 한 겹 한 겹 떨어져나올 수 있는 계기를 마련해 주었다. 이 층리들은 광장을 이루었고, 그렇게 해서 한국 사회가 다하지 못한 무수한 애도를 이행할 수 있는 기회가 주어진 듯했다. 정신대 피해자분들에서 시작해서 노란별 세월호 유가족들에 이르기까지, 한반도 근·현대사의 층리들이 생생하게 십자가의 아픔을 증언할 때, 광장에 모여든 사람들은 그 생생한 아픔 그대로와 각자의 방식으로 대면했었다.

하지만 촛불항쟁이 지나고, 정권도 바뀌고, 세월이 흐르면서, 십자가들 하나하나의 목소리는 하나의 '시민적 주체'가 냈던 목소리로 치환되기 시작했고, 그렇게 학문적, 정책적 도마 위에 오르기 시작했다. 광장엔, 시민이 있었다는 것이다. 그래서 이 글은 시민이라는 말이 울려퍼지는 상황에서 이야기를 시작한다. 그리고 바디우, 아감벤, 지젝, 이 세 명의 유물론자들에게서 이러한 상황에 질문을 던질 수 있는 힘을 빌리고자 했다. 그리고 이 힘을 너무 과하게 따르지 않으면서 상황을 돌파할 길을 모색하기를 바랐다. 그들은 바울에 대해서 말해 주었고, 바울이 주체에 대해서 할 말이 많았다고 확신 속에 속삭였다. '아무것도 아닌 것들'(nothings)의 주체-되기 이야기가 바울의 증언 속에 있다는 것이다.

이 세 명의 철학자들에게서 들은 이야기들을 나 자신이 세세하게 전부 이해했다고 생각하진 않는다. 더욱이 이들에게서 얻은 힘을 가지고서 넘어서려는 한국적 상황을 전부 다룰 수 있다고 생각하지도 않는다. 다만 바울의 주체에 관한 이야기들에 관해 내가 이해할 수 있었던 것들과 접근할 수 있었던 범위까지의 한국적 상황을 어느 모로 기울지 않고 제3의 길을 따라 일종의 되먹임고리로 엮어보고자 했다. 성공적이었는지는 모르겠다.

한편으로는 한국 신학계가 외부에서 들려오는 '신학적' 질문들에 조금 더 민감하고 민첩하게 응답했으면 하는 바람도 생겼다. 나 자신 한 명의 한국 신학자로서, 신학을 위한 신학을 하며 밀폐된 신학의 아늑함 속에서 익숙한 재료만을 가지고 요리하는 것에 만족하거나 도취되어 멈추어서고 만 것은 아닌가 되돌아보게 된다. 그래서 외부의 시선에서 신학하기, 그렇게 신학의 안쪽에서 신학을 내파해 들어-나가기를 다시 한 번 시도해 보고자 했다. 이 역시 성공적이었는지 모르겠다. 그래도, 여전히 분명한 것은 우리 사회는 애도가 필요하고, 이 애도를 지탱하고 있는 주변부들의 '주체-되기'에 관한 불가능한 사유가 필요하다는 것이다. 하나의 장기적 전망에 다 담을 수 없는 구체성 속에서 말이다.

끝으로 이 책이 나올 수 있도록 흔쾌히 출판을 허락해 주신 도서출판 동연 김영호 사장님께 감사의 마음을 전한다. 또한 편집에서 출판에 이르기까지 하나하나의 과정에서 노고를 다해주신 동연 임직원 여러분께도 감사드린다.

무심한 것처럼,

"내 마카롱 먹어도 좋아, 쵸코는 빼고!"라고 말하곤 하는

사랑하는 딸 가영이에게

차 례

머리말 _5

Ⅰ. 한국 사회의 주변부와 바울의 '주체-되기'   _17

Ⅱ. 한국적 상황: 촛불항쟁 논의는 주변부를 현시하는가?   _25

    1. 공동의 적: 세월호 참사와 2016~2017년 촛불항쟁의 교집합 _29
    2. 시민적 주체의 혁명성: 2016~2017년 촛불항쟁 현장의
       불연속성 _31
    3. 시민적 주체의 형성과 완료 사이: 촛불의 시민적 주체는
       혁명적인가? _34
    4. 상황적 문제 제기: 시민적 주체와 주변부의 '주체-되기' 가능성 _38

Ⅲ. 현대 철학자들의 바울 해석과 주체의 문제   _41

    1. 바디우의 바울 해석과 주체의 문제
      : 투사적 주체의 단절적 탄생 _44
    2. 아감벤의 바울 해석과 주체의 문제: 잔여-주체 _56
    3. 지젝의 바울 해석과 주체의 문제: 진정한 유물론적
       케노시스(Kenosis) _72
    4. 비교분석: 바울 해석 논쟁의 수렴 — 주체 _90

IV. 주체의 지속   _105

    1. 오독에서 화해로 _107
    2. 주체의 지속: 화해의 명과 암 _123

V. 다시, 바울의 '주체-되기'와 촛불항쟁의 주변부
    : 아무것도 아닌 것들   _137

    참고문헌 _149

    찾아보기 _157

I.

한국 사회의 주변부와
바울의 '주체-되기'

자본주의 체제(regime) 내에서의 번영은 가난을 소멸시키지 않는다. 이 체제의 번영 내에서 가난은 사라지지 않고 다만 흩어질 뿐이다. 번영의 중심부에서 가난은 소멸하는 듯 보이지만, 그것은 번영의 중심부에서만의 일이며, 그 중심부에서 멀어져 갈수록 가난의 현실성은 생생해진다. 번영은 가난의 착시현상이다.

지금은 서울의 숱한 중심화된 주변부 중 하나가 된 난곡동은 이 점을 보여주는 좋은 실례다. "낙골"이라는 옛 지명이 알려주듯 이곳은 서울 곁에서 서울의 중심부와는 멀리 떨어져 있는 곳, 산등성이를 빽빽하게 매운 판자촌만이 번영하는 중심과는 아무 상관없다는 듯 잡초처럼 가득하던 곳이었다. 이 마을을 품고 있는 더 큰 행정구역인 관악구는 1960년대 서울의 중심부가 개발되면서 밀려난 철거민과 수해민이 흘러들어와 형성된 곳이었다. 그렇기에, "낙골"은 그야말로 주변부 중에서도 주변부였다고 할 수 있다.

그런데 이곳이 2000년대 초에 재개발되기 시작했다. 2006년에 완료된 재개발은 2,529세대의 판자촌 주민 중 220여 세대만 재정착한 채 빠르게 중심부화 되어갔다 ― 8.7%의 재정착률.[1] 그렇다면, '나머지' 91.3%의 판자촌 주민들은 모두 어디로 갔을까? 이건 매우 어려운 질문이다. 중심부에 편입된 220여 세대는 중심부의 경계면 안쪽에서 덧셈하는 것이 가능하지만 그 경계면 바깥으로 밀려난 나머지를 일일이 추적하는 것은 매우 어려운 일이기 때문이다. 가난은 소멸이 아니라 흩어짐에 친숙하며, 따라서 셈의 대상이 될 수 있으나(소멸한 것이 아니기에), 현실적으로 셈해지기는 거의 불가능하다(흩어져 있기에). 셈 자체가 불가능해서 그런 것은 아니다. 21세기의 정부는 무엇이든 셈할 수 있는 체계(system)를 소유하고 있다(물론 그 이전 세기들의 정체라고 해서 셈하고자 하는 욕망이 별반 달랐던 것은 아니다). 그러나 굳이 셈해야 할 이유가 없는 것이다. 그것이 주변부다. 그렇다면 결국 주변부는 '주체-되기'의 불가능성과 관련된 것인가?

세월호 참사 이후의 세월이 형성하고 있는 한국적 상황은 주변부와 '주체-되기'의 역동적 관계를 살필 수 있는 하나의 계기를 제공하는데, 그것은 바로 '촛불혁명'이라 명명되기도 하는 2016~

---

1) "철거재개발-서울 관악구 난곡동," https://geozoonee.tistory.com/950 (접속일: 2019년 4월 3일)

2017년의 촛불항쟁이다. 이 계기적 사건은 그 자체로 주변부의 '주체-되기'를 보여주는 사례이면서, 동시에 이 사례에 대한 해석의 틀을 요청하기도 한다는 점에서 중요하다. 다시 말해 이 사건은 해석의 틀에 대한 해석이면서, 해석의 틀을 통해 해석되어야 할 대상이기도 하다. 왜냐하면 바디우의 말마따나 "그러한 사건에 대한 증거도 없고, 사건이 증거인 것도 아니"[2]기 때문이다. 사건의 우연성과 돌발성은 해석의 순환이 만들어내는 구심력이자 원심력으로, 바울을 해석하는, 더 정확하게 말해서 바울의 주체를 해석하는 세 명의 현대 철학자들, 곧 바디우(Alain Badiou), 아감벤(Giorgio Agamben), 지젝(Slavoj Žižek)이 각각의 입장에서 진리의 보편성 문제를 해명하기 위해 분투하며 투쟁하는 지점이기도 하다.

하지만 이들 세 명의 철학자들이 간헐적으로 벌이는 분투와 투쟁은, 지젝만 조금 예외로 하면, 사건 자체에 대한 이해에 있다기보다, 사건 속에서 시작되거나 형성되거나 이탈하거나 지속하는/지속하지 않는 주체[들]에 대한 이해에 집중되어 있다. 물론, 이들이 모두 사건에 무관심하다는 뜻은 아니다. 이들에게 사건은 주체가 출현하는 결정적인 영역이다.[3] 다만 사건의 본질에 대한 이해

---

2) 알랭 바디우/현성환 옮김, 『사도 바울: '제국'에 맞서는 보편주의 윤리를 찾아서』(서울: 새물결, 2008), 99. 바디우에게 증거의 부재는 바울의 주체가 갖는 핵심적 성격이다. 같은 책, 115-116 참조.

3) 물론, 사건에 보이는 관심의 강도가 세 명의 철학자들 모두 같은 것은 아니다. 특히 지젝의 경우가 그러한데, 바울을 논함에 있어서 그는 바디우의 진리 사건

로부터 진리와 주체의 관계에 접근해 들어가느냐(바디우, 지젝?), 아니면 사건 개념 자체가 '메시아적'이라는 어떤 고유한 특성에 의존하여 이해되는 방식으로 주체의 [불]가능성에 도달하느냐(아감벤)의 차이, 존재론적 우연성과 관련된 것이냐(바디우, 지젝?), 시간성과 관련된 것이냐(아감벤)의 차이 등등은 이들의 사건 논의가 직접적인 대화나 논쟁의 매개 역할을 하지는 않더라도, 서로 다른 의미를 갖는 개념인 것만은 분명하다. 사건에 대한 상이성은 그러나 이들의 바울 해석 논쟁에서 직접적으로는 드러나지 않는다. 오히려 보편성과 주체에 관한 논쟁 속에서 간접적으로 드러난다고 할 수 있다.

그러나 '주체' 개념은 그렇지 않은 듯 보인다. 아감벤은 바디우가 바울의 주체에게서 보편주의를 읽어내는 것에 대하여 '잔

에 대한 자신의 이해를 과시함과 동시에 사건에 관한 관심을 거의 보이지 않고 곧장 주체에 대한 논의로 진입한다. 요약적으로 말해, 지젝의 사건 이해는 거의 전적으로 바디우의 사건 개념에 의존한다: 슬라보예 지젝/이성민 옮김, 『까다로운 주체』 (서울: 도서출판 b, 2005), 205-274. 참조; 슬라보예 지젝/정혁현 옮김, 『분명 여기에 뼈 하나가 있다 - 변증법적 유물론의 새로운 토대를 향하여』 (고양: 인간사랑, 2016), 122-150 참조. 다만, 지젝의 사건과 바디우의 사건은 양자 간의 주체에 대한 이해의 결별점에서 차이가 나는데, 이는 뒤에서 논의될 것이다. 아감벤의 경우에는 사건 개념 자체에 천착하기보다, 특수한 사건, 즉 '메시아적 사건'에 천착함으로써 역시 특수한 '메시아적 주체'를 향해 접근해 들어간다: Giorgio Agamben, *The Time that Remains: A Commentary on the letter to the Romans*, trans. by Patricia Dailey (Stanford: Stanford University Press, 2005).

여'(remnant)와 '분할'(cut)의 개념을 제시하면서 비판하고,4) 이에 대해 지젝은 바디우를 지지하며 아감벤의 '잔여'야말로 바디우가 말하는 보편성이 "실제적 현존을 획득"5)하는 바로 그 특수자가 아니냐고 되받아친다. 사실, 바디우는 논쟁의 빌미를 준 자신의 책『사도 바울: 보편주의의 정초』(*Saint Paul: The Foundation of Universalism*)의 서문에서 이 책의 저술 의도는 한결같이 '주체적인 것'에 있음을,6) 이어지는 1장에서는 이를 "보편적인 것을 순수한 세속성으로 회복시켜줄 수 있는 매개로 사용"7)하고자 함을 명확히 하고 있다. 이러한 상황을 바탕으로, 주체가 '보편적'이라는 수식어를 감당할 수 있는가 하는 질문에 '예'로 답하는 바디우, 지젝이 같은 편을 먹고, '아니오'로 답하는 아감벤에 대립하는 식으로 명확하게 두 편으로 나눌 수 있다는 평가는 학계에서 거의 정설로 되어 있다. 그런데 과연 이것으로 끝인가? 이러한 일반적 결론은 논쟁의 정점에 도달하기도 전에 성급하게 내려진 것은 아닌가?

이 글은 세월호 이후 시대 한복판에서 일어난 사건인 '촛불항쟁'이라는 한국적 상황을 실증적 논의의 장으로 삼아, 주변부의

---

4) Giorgio Agamben, *The Time that Remains*, 51-53 참조.

5) 슬라보이 지젝/김정아 옮김,『죽은 신을 위하여: 기독교 비판 및 유물론과 신학의 문제』(서울: 도서출판 길, 2013), 176.

6) 알랭 바디우,『사도 바울』, 13.

7) 같은 책, 17.

'주체-되기' 가능성에 관한 물음을 바디우, 아감벤, 지젝 세 명의 철학자들이 논쟁의 정점으로 삼고 있는 '바울의 주체 논의의 진정한 쟁점은 무엇인가' 하는 물음 속에서 비판적으로 검토함으로써 한국적 상황에서 주체 논의의 방향을 대안적으로 재설정하는 것을 목표로 한다. 여기서 핵심은 역시 '사도 바울'이다. 사도 바울의 주체성에 관한 정치철학에서의 이해들을 신학과 종교철학의 관점에서 검토하고 논구함으로써 사도 바울이라는 '종교적' 인물이 오늘의 한국 신학에서, 나아가 한국 사회에서 가질 수 있는 '주체적' 의미를 발굴하고자 한다 — 바울은 한국에서 새로운 희망일 수 있겠는가?

II.

한국적 상황: 촛불항쟁 논의는 주변부를 현시하는가?

세월호 이후의 촛불이라는 한국적 상황에서 주변부의 '주체-되기' 문제에 접근해 들어갈 단서를 찾는 것에서 논의를 시작하고자 한다. 이를 위한 질문은 다음과 같다: 2016~2017년 촛불의 주체는 누구인가? 촛불항쟁의 주체는 한국의 주변부를 주체로 소환하는가?

2016~2017년 촛불 이후 다양한 각도에서 시대전환에 대한 논의가 진행되고 있다. 여기에는 세월호 참사 이후 이 참사와의 연관 속에서 이루어진 2016~2017년 촛불항쟁이 갖는 혁명적 가치에 대한 평가도 포함된다. 이러한 논의들은 크게 세 부류로 나눌 수 있다. 첫째, 세월호 사태와 촛불항쟁과의 연속성을 밝히는 작업이다.[1] 둘째, 2016~2017년의 촛불항쟁을 '혁명'이라는 관점에서 긍정적으로 성찰하며 이후의 과제를 제시하는 연구다.[2]

셋째, 87년 6월항쟁, 2008년 촛불항쟁 등과 비교하면서 2016~ 2017년 촛불을 '혁명'이라고 명명할 수 있는 것인지를 비판적으로 성찰하며 그 공과를 논한 후 전망과 대안을 제시하는 연구다.3)

---

1) 이와 관련된 최근의 논문이나 글로는 다음을 참조하기 바란다. 우지수 외, "우리는 촛불을 들었다: 둑을 허문 청년들," 「창작과 비평」 45.1 (2017.3), 70-96; 한흥구, "촛불과 광장의 한국현대사," 「창작과 비평」 45.1 (2017.3), 301-328; 이상철, "세월호, 우리의 애도는 아직 끝나지 않았다," 「제3시대」 106 (2017.4), 2-10; 박윤영, "세월호 사건과 촛불혁명 그리고 문학의 참여: 슬픔이 사라지지는 않아도 – 혁명과 애도의 시," 「실천문학」 125 (2017.9), 18-31; 권영국·신기주, "인터뷰: 권영국 변호사: 거리의 변호사, 세월호를 말하다," 「인물과사상」 229 (2017.5), 14-38; 유해정, "정치적 애도를 통한 삶의 재건: 세월호 참사의 시민 경험을 중심으로," 「민주주의와 인권」 18.2 (2018.6), 181-220; 이나빈·주혜선·안현의, "일반인의 세월호 참사 간접 경험으로 인한 신념체계와 안녕감 간 관계에서 집단역량 인식의 매개효과: 종단연구," 「한국심리학회지: 사회 및 성격」 31.3 (2017.08), 37-60; 장우영·조인호, "정치커뮤니케이션 채널과 촛불집회: 담론과 정책이슈 차별성의 빅데이터 분석," 「한국정치학회보」 52.4 (2018.9), 33-60.

2) 이와 관련된 연구로는 다음을 참조하기 바란다. 김상준, "2016-2017년 촛불혁명의 역사적 위상과 목표: '독재의 순환고리 끊기'와 '한반도 양국체제 정립'," 「사회와이론」 31 (2017.11), 63-90; 김선택, "민주적 정당화의 관점에서 본 정부형태론: 촛불혁명은 정부형태의 변경을 요구하였나," 「공법학연구」 18.4 (2017.11), 85-109; 정병기, "2016~2017년 촛불 집회의 성격: 1987년 6월 항쟁 및 2008년 촛불 집회와의 비교," 「동향과 전망」 104 (2018.10), 374-399; 정태석, "87년 체제와 시민사회 이데올로기-가치들의 변화: 촛불혁명과 사회체제 전환의 전망," 「경제와사회」 117 (2018.03), 18-61; 박성진, "촛불의 시민성: 시민사회를 넘어서는 시민," 「시민과세계」 30 (2017.6), 1-25.

3) 이와 관련된 최근의 논문과 글로는 다음을 참조하기 바란다. 김윤철, "2016-2017년 촛불집회의 역사적 맥락과 '마지노선 민주주의'," 「21세기정치학회보」 8.1 (2018.3), 1-19; 김윤철 외, "<촛불 1주년 포럼> 촛불은 우리에게 무엇이었나 '광장이 던진 질문과 시민사회운동의 과제'," 「시민과세계」 31

세월호 참사 이후의 촛불로부터 주변부와 '주체-되기'의 관계 문제를 검토하려는 본 장에 있어, 첫 번째 부류의 연구는 두 번째와 세 번째 연구를 심화하기 위한 전 단계 연구로 정리될 수 있다. 두 번째 부류의 연구는 2016~2017년 촛불이 이전과는 다른 새로운 정치적 주체의 탄생에 관심을 기울인다는 점에서 불연속성을 강조한다면, 세 번째 부류의 연구는 연속성과 불연속성의 균형에 좀 더 관심을 기울인다고 할 수 있다. 이 세 부류의 작업을 차례로 살펴보도록 하자.

1. 공동의 적: 세월호 참사와 2016~2017년 촛불항쟁의 교집합

2~3년이라는 적지 않은 시간 간격을 넘어서 세월호 사태와 촛불항쟁이 연결될 수 있었던, 혹자의 말마따나 "정서적으로 긴밀하

(2018.1), 225-247; 천정환, "누가 촛불을 들고 어떻게 싸웠나: 2016/17년 촛불항쟁의 문화정치와 비폭력·평화의 문제," 「역사비평」 118 (2017.02), 436-465; 최하은, "혜화동1번지 세월호2018: 세월호로 우리의 세계는 재구성되었는가?" 「공연과이론」 71 (2018.09), 298-304; 노형일·양은경, "비폭력 저항 주체의 형성: 박근혜 대통령 탄핵 촛불집회에 대한 통치 분석," 「한국방송학보」 31.3 (2017.05), 5-41; 남궁협, "'타자의 고통에 대한 응답'으로서의 커뮤니케이션 그리고 언론의 역할: 세월호 참사에 대한 언론보도를 중심으로," 「한국언론정보학보」 91 (2018), 41-75.

게 결합"4)될 수 있었던 이유는 무엇일까? 표면적으로 볼 때, 촛불 항쟁을 촉발한 것은 박근혜-최순실의 국정농단 사태였으므로 세월호 참사와 그 이후 진행된 416운동이 촛불항쟁과 연결될 수 있는 직접적인 계기를 찾기 어려운 듯 보인다. 따라서 세월호 사태와 촛불항쟁의 연결은 그저 파토스 자체에 국한된 것일까? 하지만 세월호 사태는 국가의 체제와 체계가 조직적으로 사적 애도를 불가능하게 만듦으로써 정치적 애도 운동을 촉발하는 과정을 통해 지속해 왔다.5) 다시 말해 "세월호는 국가 시스템 문제가 개입"6)된 사태다. 그래서 "'살아남은 자의 슬픔'을 공유한 슬픔의 공동체"7)는 "박근혜-최순실 게이트를 통해"8) 슬픔의 출처를 발견할 수 있었다. 말하자면 국가가 적극적으로 조장한 애도의 불가능성은 416운동이 지속할 수 있도록 하는 동력 역할을 했고, 결국 그 지속성 때문에 이 운동은 박근혜-최순실 국정농단 사태와 중첩될 수 있었다. 애도 방해 세력과 국정농단 세력의 일치가 세월호 사태와 2016~2017년 촛불항쟁이 맞설 공동의 적을 형성하였

---

4) 박윤영, "세월호 사건과 촛불혁명 그리고 문학의 참여," 24.

5) 유해정, "정치적 애도를 통한 삶의 재건," 186; 이상철, "세월호, 우리의 애도는 아직 끝나지 않았다," 10 참조.

6) 권영국·신기주, "인터뷰: 거리의 변호사, 세월호를 말하다," 22.

7) 한홍구, "촛불과 광장의 한국현대사," 321.

8) 같은 글, 322.

고, 이에 따라 두 사건은 정치적으로 결속할 수 있었다.

하지만 더 중요한 것은 세월호 사태와 촛불항쟁의 정치적 결속이라는 개념적 선언이 아니라, 이 결속이 일어난/일어나는 구체적인 공간이 어디냐는 점일 것이다. 이 공간은 무엇보다 '광장'이다. 한국 사회에서 광장은 의회와 정당으로 대표되는 대의민주주의가 제 기능을 하지 못하는 지점에서 직접민주주의가 분출하는 장소다.9) 천막이 쳐지고, 다양한 외침이 다양한 사람들에 의해 일어나는 곳, 시민발언대가, 축제가, 깃발이, 촛불이, 때로는 횃불이, 전시회가, 합창이, 연극이, 서명이 그리고 기도가, 예불이, 미사가, 예배가, 기쁨이, 슬픔이, 분노가, 이 모든 것들이 아무렇지도 않게 어우러지는 곳이다.

2. 시민적 주체의 혁명성: 2016~2017년 촛불항쟁 현장의 불연속성

그런데 촛불광장은 어떤 특정한 시간 간격 내에서 특정한 장소를 점유하며 벌어지는 비일상적인 시·공간이라는 점에서 독특함의 현시라고 할 수 있다. 이 독특함을 두 번째 부류의 연구들은 이

---

9) 정병기, "2016~2017년 촛불 집회의 성격," 389-390; 한홍구, "촛불과 광장의 한국현대사," 302, 326 참조.

전의 광장, 예컨대 2008년 광우병 촛불 등과 구분되는 2016~
2017년 촛불광장의 '혁명성'에서 찾는다. 이 시기의 촛불항쟁은
과거와 단절하고 새로운 시작을 열었는데,[10] 대의민주주의가 일
상 속에서 정상 작동할 수 있도록 함과 동시에 직접민주주의를 현
실적 일상으로 진입시킴으로써 민주주의의 확장을 가져온[11] '혁
명'[12]이라는 것이다. 이 혁명은 '탄핵-정권교체-개헌'으로 이어
지는 3단계를 완수하고, 대외적으로는 '한반도 양국체제'를 정립
할 때[13] 비로소 완성되는 현재진행형의 과정적 사건이라는 것이
두 번째 부류의 대체적인 입장이다. 말하자면 촛불항쟁이 시작한
혁명은 완성되고 있거나 완성되어야만 한다는 것이다.

그렇다면, 이 혁명을 이끌어가는 주체는 누구인가? 합헌적 광
장에서 탄생해서 입헌-평화체제를 구축해 나갈 주체는 누구인

---

10) 김선택, "민주적 정당화의 관점에서 본 정부형태론," 86.

11) 정병기, "2016~2017년 촛불 집회의 성격," 390.

12) 김상준은 헌팅턴(Samuel Huntington)을 참고하여 체제변화를 가져오는 것
이 '혁명'이며, 그 종류로는 '폭력적-입헌적 혁명'과 '평화적-합헌적 혁명'의 두
가지가 있다고 설명한다. 전자는 새로운 국가체제의 수립으로 귀결한다면, 후
자는 기존 국가체제 내에서 체제의 변화를 수반한다는 점에서 서로 다르다. 김
상준, "2016-2017년 촛불혁명의 역사적 위상과 목표," 64. 이러한 구분에 따르
면, 2016~2017년 촛불항쟁은 평화적-합헌적 혁명에 속할 것인데, 이 항쟁이
혁명이라는 데 동의하는 학자들은 바로 이러한 견해를 지지하는 것으로
볼 수 있다.

13) 같은 글, 67, 80-88.

가? 2016~2017년 촛불항쟁을 혁명으로 읽는 학자들은 대체로 시민적 주체를 내세운다. 엄밀하게 말해서, 박성진의 표현을 빌자면, 권리 중심의 자유주의에 입각한 기존의 시민사회를 넘어서는14) 시민적 주체다. 이러한 시민은 신자유주의적 가치와 되먹임 고리를 형성하거나,15) 길항적인 관계를 맺거나16) 하면서 시장에서 자기성찰적인 민주주의를 실현하고자 하는 시장의 정치를 이끌어가려는 주체일 수 있다.17) 또한 이러한 시민은 주권의식을 가지고 법치주의를 실현하려는 주체일 수 있다.18) 이들은 근대적 시민에서 확대된 정동적(affective) 다중이며,19) 사회구조의 변동 속에서 시민사회와 문화체제의 전환을 요구하는 사회적 약자들과 새롭게 성장하는 세대들이며,20) 기존 민주주의 체계의 한계를 적극적이고 진취적으로 돌파하는 능동적 주체이며,21) 개인의 가능성을 현실화하는 것을 선(善)으로 보는 새로운 자유주의의 담지자

---

14) 박성진, "촛불의 시민성," 15.

15) 정태석, "87년 체제와 시민사회 이데올로기-가치들의 변화," 41.

16) 같은 글, 52-53.

17) 같은 글, 56.

18) 권영국·신기주, "인터뷰: 거리의 변호사, 세월호를 말하다," 26-30. 참조; 김선택, "민주적 정당화의 관점에서 본 정부형태론," 105-106 참조.

19) 정병기, "2016~2017년 촛불 집회의 성격," 390-391.

20) 정태석, "87년 체제와 시민사회 이데올로기-가치들의 변화," 53.

21) 김상준, "2016-2017년 촛불혁명의 역사적 위상과 목표," 66.

일 수 있다.[22)]

2016~2017년 촛불항쟁을 혁명으로, 그리하여 하나의 단절이자 불연속으로 읽는 학자들은 역설적으로 근대의 시민적 이상과의 연관 속에서 후기 근대 이후의 한국적 시민을 촛불광장에서 길어 올리려 한다. 이는 혁명의 주체를 법적 시민으로 설명하고자 할 때 피할 수 없는 이율배반이다.

3. 시민적 주체의 형성과 완료 사이
: 촛불의 시민적 주체는 혁명적인가?

2016~2017년 촛불항쟁을 연속성과 불연속성의 협주로 이해하며 접근하는 세 번째 부류의 연구들은 광장 민주주의의 형성과 완료 사이의 간격을 비판적으로 성찰하는 데 주력한다. 따라서 불연속성을 강조하는 두 번째 부류의 연구 경향을 일정 정도 이어받는다. 다시 말해 촛불항쟁은 민주주의의 확장을 가져왔으며, 이후에도 계속되어야 할 과제가 있다는 인식이 세 번째 부류의 연구들에서도 드러난다. 하지만 접근 방식과 강조점이 다르다. 촛불의 혁명성을 강조하는 연구들은 광장에서 진행된 촛불항쟁의 현장이

---

22) 박성진, "촛불의 시민성," 13-14 참조.

보여주는 새로운 시민적 주체의 탄생을 강조하면서 이 주체가 후속적으로 연장되어야 한다는 당위성의 입장에서 논의를 전개하는 경향을 보인다. 반면 촛불의 혁명성을 성찰적으로 접근하려는 연구들은 대체로 촛불항쟁 이후의 한국 사회를 살아가는 자의 시점에서 촛불의 혁명성이 갖는 한계를 놓치지 말아야 함을 강조하며 그 후속 효과를 면밀하게 검토하는 경향을 보인다.

세 번째 부류의 연구들에 의하면, 촛불항쟁 이후 탄핵과 대선이 차례로 진행되어감에 따라 "상황은 급격하게 교착되어"23) 논의의 초점이 정권교체로 수렴해 감으로써 혁명의 애초 목표인 사회[체제] 변화의 목소리가 소멸해 버렸다. 또한 광장에서 발현된 직접민주주의의 효과는 급속하게 대의민주주의의 재가동으로 흡수되었다. 촛불광장에서는 대의정치의 한계를 지적하는 많은 목소리가 있었지만,24) 그 뒤를 따른 것은 결국 의회정치이거나 의회정치의 교착 상황이다. 혹시 이러한 귀결의 원인은 촛불광장에서 형성된 주체들 자체의 한계에 기인하는 것은 아닐까? 권력과 저항은 단지 서로 대립하는 것이 아니라, 오히려 저항적 주체마저도 권력 장치가 만들어내는 통치 실천의 영향권 내에 있는 것은 아닐까?

---

23) 천정환, "누가 촛불을 들고 어떻게 싸웠나," 441.
24) 김윤철 외, "촛불은 우리에게 무엇이었나," 229.

2016~2017년 촛불항쟁의 주체를 읽어내는 세 번째 부류의 연구들은 양가적이다. 무엇보다 이 연구들은 촛불 주체들의 개인적이면서도 관계적인 성격을 강조한다. 한편으로 이들은 그 어떤 조직에 소속되거나 동원되지 않고서 자발적 개인으로 항쟁에 참여한 능동적 다중으로서 촛불 주체를 설명한다. 촛불 현장에서 연대한 이들은 상호주체화된 혁명적 군중이거나,[25] 타자와의 접속 가운데서 자기 부정과 자기 복귀가 같이 일어나는 '서로주체성'[26]의 현시일 수 있다.

관계적 주체성을 긍정적으로 바라보는 이러한 시각은 그러나 이내 푸코류의 구조주의적 이해에 입각한 관점과 긴장 관계에 놓인다. 자기 표현과 자기 실현에 능한 자율적 개인으로서의 주체는 광장에서 연대함으로써 상호주체화된 다중의 면모를 보여준 것이라기보다는, "1990년대 이후 지배적 통치성으로 자리 잡은 신자유주의"[27]의 통치실천이 낳은 결과일 수 있다. 촛불항쟁의 비폭력 시민 주체는 혁명의 새로운 패러다임을 형성하여 정치적 변화를 추구한 능동적 주체인 것이 아니라, "순수한 시민과 불순한 운동세력을 분리하고 격리시키는 통치 실천들이 지속적으로 작

25) 천정환, "누가 촛불을 들고 어떻게 싸웠나," 445.

26) 남궁협, "'타자의 고통에 대한 응답'으로서의 커뮤니케이션 그리고 언론의 역할," 54-55 참조.

27) 노형일 · 양은경, "비폭력 저항 주체의 형성," 35.

동"28)한 결과일 수 있다는 것이다.29) 어쩌면 촛불항쟁 주체들의 자발성은 유권자라는 정체성에 제한된 '방어적 자발성'이었기에 대의정치에 입각한 국가권력의 공적 작동에 만족하고 말 운명이 었던 것인지도 모른다.30) 그래서 촛불의 강력한 주체성은 법 외 부에서 접근해 들어가는 제헌적 과정을 개척할 만큼 주체적이지 않았던 것은 아닐까?31) 촛불항쟁에서 노동과 평등이 여전히 소 외되고 배제되어 있다는 목소리가 국가권력의 공적 작동을 요구 하는 목소리에 파묻히고 말았다는 지적은32) 세 번째 부류의 연구 들 속에서 찾을 수 있는 또 하나의 비판적 성찰이다.

---

28) 같은 글.

29) 이 경우, 비폭력 저항의 목표는 사회체제의 변화를 요구하는 저항 자체임에도 비폭력 자체가 목표가 되고 만다. 이러한 비폭력은 합법주의를 추구하는데, 이로써 합법적으로 자행되는 구조적 폭력을 짚어내는 데 실패하고 만다.

30) 김윤철, "2016-2017년 촛불집회의 역사적 맥락과 '마지노선 민주주의'," 11-12 참조.

31) 천정환, "누가 촛불을 들고 어떻게 싸웠나," 458.

32) 김윤철, "2016-2017년 촛불집회의 역사적 맥락과 '마지노선 민주주의'," 13-14 참조.

4. 상황적 문제 제기: 시민적 주체와 주변부의 '주체-되기' 가능성

촛불항쟁의 주체와 관련된 이상의 논의들은 근대와 후기 근대를 왕래하면서 새로운 시민적 주체의 탄생을 곱씹는 것에 집중되고 있다. 2016~2017년 광장에서 촛불항쟁을 이끄는 주체로 형성된 것은 민중도, 노동조합도 아닌 시민이라는 것이다. 이는 시민적 주체들의 광장 현장에서의 혁명성을 강조하는 것이든, 아니면 그 혁명성의 한계를 광장에서 떠나 일상으로 돌아온 이후의 상황에서 비판적으로 성찰하며 대안을 모색하는 것이든, 공통된 인식적 전제인 것으로 보인다. 그렇다면 이 시점에서 본 장 서두에서 제기한 질문으로 돌아가 보자. 2016~2017년 촛불항쟁의 주체는 누구인가? 만일 이들이 정말로 시민적 주체라면, 주변부는 어디로 간 것일까? 광장의 주체를 시민으로 설정하고 나면, 주변부는 광장에서조차도 주변부로 밀려나고 마는 것은 아닐까? 이 질문은 세월호 사태와 촛불항쟁을 이어준 것은 주체가 아니라 저항 대상의 중첩에 있었다는 것을 보여주는 첫 번째 부류의 연구를 상기시킨다. 이 질문은 두 번째 부류의 연구들이 시민적 주체의 혁명성을 강조함으로써 세월호 사태와 416운동이 현시하는 주변부의 '주체-되기'를 성급하게 시민적 주체로 일반화한 것은 아닌가 하는 이의제기를 가능케 한다. 또한 이 질문은 세 번째 부류의 연구들이 내장한 이율배반을 표현하는데, 이 연구들은 촛불항쟁의 현장 자체에서 주변부의 목소리가 배제되는 측면이 있었다는 냉정한 평가와 직시에도 불구하고,[33] 시민을 전제로 촛불 항쟁의 한계를 논하는 작업으로부터 방향전환을 시도하고 있지는 않기 때문이다.

---

33) 노형일 · 양은경, "비폭력 저항 주체의 형성," 36 참조.

III.

현대 철학자들의
바울 해석과 주체의 문제

주변부의 주변부성을 시민적 주체로 돌파하려는 작업은 성공할 수 있겠는가? 촛불항쟁 이후의 한국이라는 상황에서, 말하자면 직접민주주의 열망이 대의민주주의의 약진 가운데 사그라들고 노동과 평등의 배제가 지속하고 있는 상황에서, 부르주아에 역사적이고 개념적인 기원을 두고 있는 '시민'이 주변부와 '주체-되기'의 간격을 좁힐 수 있을까? 바울을 중심에 두고 주체적인 것을 중심으로 보편적인 것의 가능성을 논쟁하는 세 명의 현대 철학자들과 이 질문을 되먹임 고리로 결합하는 것이 이후의 논의다. 이를 위해 먼저 바디우, 아감벤, 지젝의 순서에 따라 이들이 바울을 어떻게 이해하고 해석함으로써 주체의 문제를 다루고 있는지를 살펴보도록 하자.

1. 바디우의 바울 해석과 주체의 문제: 투사적 주체의 단절적 탄생

바디우가 진리 공정이라고도 하고, 철학의 '조건들'이라고도 하는 네 개의 유형적 개념들, 곧 과학, 정치, 예술, 사랑은 그의 철학을 위한 기획이 철저하게 유물론적임을 보여준다. 철학이 의존하는, 그래서 철학의 미래가 이 조건들이 변화에 적응하는 정도에 달린 이 '비철학적' 영역들[1]은 물적 조건과 그 위에서 유적 절차에 따라 일어나는 실천들로 이루어져 있기 때문이다. 그래서 사건의 토대가 되는 필연성은 없으며, 주체는 우연과 무상에 의해 존재한다. "주체는 그에게 고유한 카리스마에 따라 존재한다."[2] 전통적인 기독교 사상에 따를 때, 카리스마는 '신의' 은총이지만, 바디우는 이것을 하나의 우화이자 은유로서 수용하면서 신이라는 일자(the One)를 뺄셈의 실천에 집어넣는다. 이것은 일자를 단지 다수로부터 제거하려는 것이 아니라, 다수를 규정하는 일자로 셈하기[3]의 기획 자체를 거부함으로써 일자의 일자임에 관한 모든 설

---

1) 알랭 바디우/서용순 옮김, 『투사를 위한 철학: 정치와 철학의 관계』(파주: 오월의봄, 2013), 36-37.

2) 알랭 바디우, 『사도 바울』, 149.

3) 바디우의 존재론에서 일자는 정초가 아니라 하나의 결과일 뿐이다. 바디우에 의하면 존재론은 오직 비정합적인 순수 다수들 자체의 이론이다. 이는 화이트헤드(Alfred N. Whitehead)의 '존재론적 원리'와 비교될 수 있는데, 이 원리에

명을, 그리하여 또한 다수에 관한 규정도 비결정의 영역으로 몰아넣기 위함이다. 즉, 신으로부터 모든 특수성에 관한 담론을 제거하는 것이다. 그리하여 일자는 '일자=일자'임을 설명하는 모든 특수한 이야기들에서 해방됨과 동시에 그 어떤 차이도 없는 다수들의 보편성, 곧 평등의 영역으로 진입한다. 어쩌면 "'신'은… 텅 빈 이름이 되었다"[4])는 선언은 종교에서, 형이상학에서, 시에서 역사

따르면, "현실 세계에 있는 것은 무엇이나 어떤 현실적 존재와 관련을 가질 수 있다": A. N. 화이트헤드/오영환 옮김, 『과정과 실재: 유기체적 세계관의 구상』(서울: 민음사, 2011), 483. 이는 바디우의 단언, "최소한 현시적 다수가 현시 자체의 다수인 상황은 존재에 대한 가능한 모든 접근을 포착하게 해줄 출발점이 되는 장소를 구성해줄 수 있을 것이다"(알랭 바디우/조형준 옮김, 『존재와 사건: 사랑과 예술과 과학과 정치 속에서』(서울: 새물결, 2013), 62-63)라는 문장이나, 더 명시적으로는 "모든 다수는 다수들로 구성된다. 이것이 첫 번째 존재론적 법칙이다"(같은 책, 109)에서 반복되고 있는 듯 보인다. 그러나 화이트헤드에게 현실적 존재는 일자와 다자가 서로를 전제하는 가운데 그 단독성(singularity)을 획득하는 것인 반면(화이트헤드, 『과정과 실재』, 83. 참조), 바디우에겐 오직 다수뿐이다. 일자는 존재하지 않는다. 그렇다면, 일자는 다수를 규정하는 수단이 될 수 없다. 다수를 규정하는 것은 오직 다수고, 그것은 어떤 하나로 수렴될 수 없다. 현시에서, 따라서 현실에 존재하는 것들에서 벗어난 어떤 초월적인 요소를 상정하는 것은 불가능하다. 바디우는 다수의 구조가 규정 없이 조작되는 상황을 음함수에 비유한다: 바디우, 『존재와 사건』, 64-66 참조. 예컨대, $F(x_1, x_2, x_3, \cdots) = 0$의 형식으로 표현되는 음함수가 $x_1 = f(x_2, x_3, x_4, \cdots)$의 양함수로 재표현될 수 없는 그러한 음함수만이 바디우의 비정합적 순수 다수를 표현하기에 적절하다는 것이다. 양함수에서는 하나 이상의 일자들이 다른 다수들과 독립해서 그 다른 다수들을 술어적으로 설명할 수 있게 된다. 다수를 일자로 셈하기로 규정할 수 있게 되는 것이다. 반면 양함수로 표현 불가능한 음함수는 하나 이상의 일자를 가지고 그 외의 다수를 정합적으로 설명할 수 없게 된다. 이렇듯 현시의 현시, 비정합적 순수 다수를 강조하는 바디우의 존재론은 철저하게 유물론의 문법을 따라 전개된다고 할 수 있다.

적으로 이미 선취된 것인지도 모른다. '신'은 바디우의 존재론적 원리에서 결과로서 출현하는 것인데, 역사적으로는 바울을 시작으로 유물론적 보편성에 자리를 내주었다는 것[5]이 그의 주장이다.

바울의 주체적인 성격을 사건의 단절하는 성격을 통해 규명하는 가운데 바디우가 도달하려는 것은 바로 이러한 유물론적 보편성이다. 이제부터 바디우가 안내하는 바울을 따라 보편성을 향한 주체의 여행을 개관해 보도록 하자.

바디우가 바울을 소환하려고 하는 것은 사유와 실천의 일치 속에서 진리를 향해 싸우는 투사의 전형적인 모습을 바울과 바울의 텍스트에서 발견할 수 있었기 때문이다. 바울과 그의 텍스트를 오늘날의 상황에 대입함으로써 이 상황의 상태를 돌파할 주체적 능력을 촉구하려는 것인데, 바디우에게 있어서 돌파해야 할 오늘날 상황의 상태는 무엇보다 자본주의라는 동질적 정체성을 갖는 특수성이다. 이 특수성은 자신의 단독성(singularity)[6]을 다른 특수

---

4) Frederiek Depoortere, Badiou and Theology (London: T&T Clark International, 2009), 19.

5) 같은 책; "보편주의의 물질성은 모든 진리의 전투적 차원이다": 알랭 바디우, 『사도 바울』, 177.

6) 불어로는 singularité, 영어로는 singularity에 해당하는 바디우의 이 용어에 대한 한글 번역은 특이성, 개별성, 단독성의 세 가지 정도가 한글 번역서들 사이에서 유통되고 있다. 이 용어는 바디우의 집합론적 존재론에서 "상황 안에 현시는 되지만 재현은 되지 않는 항"(알랭 바디우, 『존재와 사건』, 172)을 지칭하는 말이다. 실존하긴 하지만 상황을 규정하는 것에서 벗어나 있는, 하나의 위반인 예

성들에 대한 배제를 통해 달성하려 한다. 바울 해석을 통해서 바디우는 두 가지 층위에서 자본주의적 상황에 대응한다. 하나는 진리 개념 자체에 대한 층위이고, 다른 하나는 진리 주체가 형성되는 과정으로서의 진리 사건의 층위다.

진리 개념 자체의 층위에 있어서, 그는 자본주의가 제시하는 진리 주장은 '추상적 보편성'에 불과하다고 하면서 '보편적 단독성'으로서의 진리를 제시한다. 그는 오늘날 진리 과정이 이중의 난관에 봉착해 있다고 본다. 우선, 자본주의적 시장과 친화적인 체계인 '문화-기술-경영-성'이 진리 공정의 유적 절차들인 '예술-과학-정치-사랑'의 체계를 은폐하고 있다는 것이다. 이 체계는 지배적인 추상들을 양산하면서 "정체성 지향적이고 공동체주의적인 범주들"[7]을 형성한다. 다른 하나는, 역시 자본주의적 지배의 한 변형으로서 정체성적·소수자적 논리들이다. 이 논리들은 보편화를 거부하는 특수주의를 통해 특정의 문화, 기술, 정치, 성정체성에 천착함으로써 자본주의적 지배 욕망을 부분 집합에서 재현

외인 것이다. 피터 홀워드/박성훈 옮김, 『알랭 바디우: 진리를 향한 주체』(서울: 도서출판 길, 2016), 191 참조. 특이성의 경우에는, 다수를 구성하는 원소들 사이의 차이를 강조하는 듯한 뉘앙스가 있어 바디우의 원래 의도에 반한다. 개별성은 차이를 기반으로 하지 않는 용어이긴 하지만 예외와 위반의 뉘앙스를 충분히 담아내긴 어려운 단어다. 따라서 이에 가장 적절한 번역어로는 예외와 위반의 뉘앙스에 적합한 '단독성'이 가장 좋은 것이라 보아 이 글에서는 단독성을 번역어로 사용하도록 한다.
7) 바디우, 『사도 바울』, 28.

하고자 한다.[8] 전자는 하나의 정체성을 절대적으로 보편화함으로써(공동체주의, 전체) 다른 정체성들을 억압한다면, 후자는 이러한 억압에 저항하는 정체성으로 남음으로써(특수주의, 예외) 전자와 길항관계를 유지하며 서로를 지탱하는 상대편 역할을 한다는 것이다. 그렇다면, 진리 과정이 봉착한 이중의 난관은 다음을 분명하게 보여준다고 할 수 있다: 정체성에 의존하는 일체의 시도들은 보편성을 획득하는데 실패한다. 그러한 보편성은 단지 추상, 그래서 추상적 보편성일 뿐이다.

따라서 관건은 정체성이다. 진리는 "어떤 정체성에도 기대지 않으며, … 모두에게 제공되고 말 건네진다."[9] 진리는 차이들을 횡단하는 보편성과 다르지 않으며, 바로 바울이 추구한 것은 "**보편 지향적인 평등주의가 불평등한 규범의 가역성을 통과하도록 하는**"[10]데 있었다는 것이 바디우의 최종적인 결론이다. 그런데 이러한 평등 곧 보편성이 어떻게 단독성과 결부된다는 것일까? 이는 바디우의 존재론에서 단독성이 갖는 의미 때문이다.

이 의미심장한 의미는 존재에 대한 염려에 사로잡힌 상황[11]과 공백과의 관계에서 솟아난다. 공백은 일자가 존재하지 않음을

---

8) 같은 책, 29-30 참조.

9) 같은 책, 32-33.

10) 같은 책, 202: 굵은 글씨체는 원문에 의한 것임.

11) "상황"이란 현시된 다수를 뜻한다: 바디우, 『존재와 사건』, 57.

드러내면서도 스스로는 현시될 수 없는 것으로서[12] 상황을 정초한다. 공백은 초월자로서의 일자는 없다는 유물론적 선언의 핵심인 셈이다. 반면 존재에 대한 염려에 사로잡혀 공백 앞에서 불안에 떠는 상황은 이 불안을 극복하는 방법으로 공백의 흔적을 지우고자 시도할 수 있는데(이러한 시도는 동시에 초월자이자 필연성으로서의 일자를 수립하려는 시도이기도 하다), 상황으로부터 공백의 흔적을 지우려는 일련의 방법을 창안함으로써 그렇게 한다. 이 일련의 방법이란 현시와 재현을 통해 상황을 이중으로 구조화하는 것이다.[13] 현시된 것의 재현은 반복 속에서 정체성의 신화를 창조하고, 그런 식으로 "반복적으로 연속되는 것들을 조직하고 있는… 공리적 원리"[14]를 창안하여 추상적인 지속성을 유지함으로써 존재에 대한 염려를 떨쳐내려 한다. 단독성은 이 지점에서 공백의 자리를 다시 상기시키며 출현한다. 현시되지만 재현은 되지 않는 항으로서 단독성은 재현의 반복에서 창조되는 하나의 유기적 총체에서 벗어나 있다. 이 유기적 총체에 기입되어 있는 그 어떤 차이의 층위에도 포함되어 있지 않은 일원으로서의 단독성은 상황에 적합하지 않은 상황 내의 일원으로 남는다. 이렇게 해서 단독성은 "강제된 객관적 정상성"[15]으로부터 벗어나 변화를 가져올

---

12) 같은 책, 126.

13) 같은 책, 165.

14) 바디우, 『사도 바울』, 27.

수 있는 하나의 잠재성이 된다. 그러나 잠재성은 어디까지나 잠재성이다. 그것은 마치 마나스식(末那識, *manas*識)과 아말라식(庵摩羅識, *amala*識) 사이에서 비결정되어 있는 유식불교의 아뢰야식(阿賴耶識, *ālaya*識)과 같다. 단독성이 현시인 한, 그것은 어떤 상황의 부분에 다시 편입될 수도 있다. 반면 그것이 재현이 아닌 한, 그것은 재현 불가능성을 드러내며 공백의 자리를 환기시킬 수도 있다. 이렇게 단독성은 정체성과 공백 사이에서 비결정되어 있다.

바디우가 바울을 해석하기 위해 집중하는 지점은 바로 이러한 단독성의 비결정 영역이고, 이 영역에서 보편적 단독성을 결정하는 층위가 바로 진리 사건의 층위다. 주체의 문제 또한 이 층위에서 본격적으로 논의되는데, 바디우에 의하면 "진리란 본질적으로 주체적인 그러한 선언의 토대에 기입되기 때문"[16]이다. 바디우가 바울을 통해 발견하는 보편적 단독성으로서의 진리는 다음의 네 가지 사건적 성격을 갖는다.[17] 첫째, 기독교적 주체는 자신이 선언하는 사건(그리스도의 부활)보다 먼저 존재하지 않는다. 둘째, 진리는 전적으로 주체적이며 사건에 관한 확신과 이에 근거한 선언의 문제다. 셋째, 진리는 하나의 과정이기에 선언을 뒷받침하는 충실성이 요청된다. 넷째, 진리는 상황의 상태[18]와 무관하다. 따

---

15) 피터 홀워드, 『알랭 바디우』, 203.

16) 알랭 바디우, 『사도 바울』, 32.

17) 같은 책, 33-34 참조.

라서 진리는 부분의 구조로부터 빠져나와 있으며, 그렇기에 단독적이다.

바디우에게 사건은 상황으로부터 추론될 수 없는 순수하게 우연적인 것,19) 좀 더 엄밀하게 말해 "현존의 법칙들 내부에 있는 어떤 것임에도, 현존의 법칙들의 산출력으로 환원될 수 없는 것"20)이라는 사실로부터, 진리의 첫 번째 사건적 성격은 단절을 가리킨다고 할 수 있다. 바디우의 바울에 있어 그리스도 사건, 곧 다마스쿠스로 가던 길에 부활한 그리스도를 만난 사건은 "전혀 예상할 수 없는 것이며, 바로 그것으로부터 시작해야 하는 것,"21) "이전의 표징들을 쓸모없게"22) 만든 사건이다. 사건에서 '기억'은 아무런 능력도 없다.23) 차라리 사건은 세계의 어떤 부분으로부터도 유래할 수 없는 새로움이라는 의미에서 은총24) 자체다. 사건을 중심으로 모든 것은 나누어지고 결별한다. [율]법이 멈춘 지점

---

18) 바디우의 개념에 있어서 '상황의 상태'는 '상황'과 구분되어야 한다. '상황'은 단지 현시된 다수를 지칭한다면, '상황의 상태'는 현시된 다수에 정체성을 부여하는 메타구조, 부분을 구성하는 규정이라고 할 수 있다.

19) 홀워드, 『알랭 바디우』, 214.

20) 알랭 바디우/박영기 옮김, 『변화의 주체』(천안: 논밭출판사, 2015), 251.

21) 바디우, 『사도 바울』, 40.

22) 같은 책, 50.

23) 같은 책, 89, 119.

24) 같은 책, 123.

에서 은총이 도래하고, 육체를 떠나 영에 산다. 진리 사건의 주체는 전적으로 단절과 분열에 기초한다.

따라서 진리의 주체성이 사건에 관한 확신과 선언의 문제라는 두 번째 성격은 진리 사건의 주체가 사건의 이 성격을 원리적으로 계승하며 정립됨을 뜻한다. 우리는 바울에게서 이 원리를 세 가지 정도 배울 수 있다. 하나는, 주체가 "…이 아니라 …임(not..., but ...)"[25]에 따라 구조화되는 하나의 단절적 분열 과정이라는 사실이다. '…이 아니라'는 [율]법과 같은 특수성들의 해체를 말한다면, '… 임'은 은총으로서의 사건이 개시한 과정에의 충실성을 가리킨다.[26] 이러한 사실로부터 바디우는 바울의 입장이 반변증법적이라고 단언한다.[27] 은총은 [율]법과 아무 관계가 없고, 부활은 죽음과 아무 관계가 없다. 그리스도는 죽음으로부터의 빼기요 제거이지 변증법적 부정이 아니다.[28] 둘째는 그리스도 사건 이후의 주체가 하나의 초과로서 갖는 주체성이 우주적 총체성을 해체함으로써, 주체는 모든 기반이 박탈된 약함이 되고, 그런 의미에서 갑자기 출현하는 찌꺼기 주체성이 된다는 사실이다. 찌꺼기 주체성은 그리스적 지혜나 유대적 율법과의, 또는 자연이라는 전체

---

25) 같은 책, 124.

26) 같은 책, 125.

27) 같은 책, 128.

28) 같은 책, 142; "바울의 사유는 부활 속에서 육화를 파기한다": 같은 책, 144.

나 문자라는 정언명령과의 영속성으로부터 분열된 주체성이며, 그래서 이들이 만들어내는 차이에서 벗어나 보편성을 획득하게 된다.[29] 진리 사건의 주체가 갖는 이러한 성격으로부터 우리는 "보편성의 필수적인 상관항"은 "평등"[30]이라는 사실을 확인하게 된다. 셋째로, 은총으로서의 사건 이후에 사건으로부터 도래하는 주체는 당위적 능동성을 말하기 어렵다는 사실이다. 사건에 의해 계승되는 주체의 은총적 성격은 주체의 구원이 보상이 아니라, 선물성, 무상성에 의해 주어지는 것이라는 사실을 지시한다. 여기에서 바디우는 또 하나의 자본주의적 상황, 시장에서 벌어지는 화폐라는 추상에 의한 등가적 보상이라는 구조적 상황에 대응하고 있다고 할 수 있다. 진리 사건의 층위에서 우리가 발견하는 것은 반자본주의적이고 코뮌적인, 무상으로 주어지는 선물로서의 구원이다.[31] 무상으로 불현듯 주어지는 주체는 스스로 개시하는 것이

---

29) 차이를 벗어난 평등, 모든 이에게 말 건네지고 주어질 수 있다는 의미에서의 이 평등은 주체 앞에 특수주의에 입각한 규정을 시도하는 일체의 형용사를 허용하지 않는다. 예를 들어, '인민'(people)에 대한 단상에서 바디우는 다음과 같이 말한다: "'프랑스 인민'과 같은 유형의 표현들, '인민'이란 말이 정체성에 의해 봉인된 다른 문구들은 그것이 가진 반동적인 운명에 내맡겨져야 한다. 거기서 실제로 '프랑스 인민'은 단지 '국가가 스스로를 프랑스인이라고 말할 권리를 부여한 사람들로 이루어진 무기력한 전체'를 의미할 뿐이다": 알랭 바디우, "'인민'이라는 말의 쓰임에 대한 스물네 개의 노트,"『인민이란 무엇인가』(서울: 현실문화연구, 2014), 15-16.

30) 바디우,『사도 바울』, 117.

31) 같은 책, 149.

아니다.

그럼에도 진리 사건에 의해 일단 개시된 주체는 이내 능동적 역량을 발휘하며 과정으로서의 진리 사건에 참여하게 되는데, 바디우는 이것을 충실성이라고 부른다. 이것을 밝히는 것이 진리 사건의 세 번째 성격이다. 사건의 선언 단계에서 정립된 새로운 주체는 충실성이라는 측면에서 볼 때 세 가지 주체적 작용, 즉 믿음(확신), 사랑, 희망(확실성)32)을 통해 진리 사건의 능동적 주체가 된다. "믿음이란 참된 것에 대한 열림일 것이고, 사랑은 그러한 여정을 보편화하는 실질성일 것이며, 마지막으로 희망은 그러한 여정 속에서의 확고부동함이라는 준칙일 것이다."33) 이 세 가지 충실성 중에서 주목할 것은 바디우가 확실성이라고 번역하길 선호하는 희망이다. 그는 희망을 "시련을 관통하는 사랑의 끈기"34)라고 정의하면서 주체적 과정의 지속을 가능케 하는 원천으로 본다. 그런데 이러한 지속은 도래하지 않은 미래를 예단하는 것이 아님을 명심해야 한다.35) 오히려 그것은 "현존하는 주체의 형상"인데,

---

32) 같은 책, 175.

33) 같은 책, 180.

34) 같은 책, 184.

35) 바디우에게 진리는 일종의 필연적이지 않은, 설명 불가능한 생산이다. 바디우, 『변화의 주체』, 253 참조. 따라서 이러한 진리의 생산에 복무하는 사건적 주체의 지속은 미래에 대한 전망이라기보다는 현재에 실효성을 갖는 생산 운동으로서의 지속이라고 할 수 있다.

이러한 형상은 "보편성에 의해 영향을 받는다."[36]

> 자체의 지속이라는 명령과 관련해 주체는 그를 구성하는 사건
> 의 일어남이 보편적이며, 따라서 그에게 실질적으로 관여한다
> 는 사실을 통해 자신을 지탱할 수 있다. 단독성[37]은 보편성이 존
> 재하는 한에서만 존재한다. 그렇지 않다면 진리를 벗어난 특수
> 재특수성만이 존재할 수 있을 뿐이다.[38]

위와 같이 진리 사건의 세 번째 성격은 네 번째 성격을 준비한
다. 즉, 진리는 단독성으로서의 주체와 관련된 현재의 실질적 지
속이기 때문에 상황의 상태와 무관하다. 단독성의 의미심장한 의
미는 여기에서 다시 음미된다. 바울이 선언하고 실천하는바 기독
교적 주체가 보편적 단독성인 한, 그것은 세계의 부분들이 규정하
는 어떤 정체성으로부터도 자유로운 까닭에 "세상의 차이들을 무
관심하게 횡단"하고 "관습들에 대한 모든 궤변을 피"한다.[39]

요약하자면, 바디우는 바울에게서 확신과 선언을 통해 굳건해
진 사유를 충실하게 실천하는 진리의 투사, 이왕의 규정과 관습들

---

36) 바디우, 『사도 바울』, 187.
37) 원문은 '개별성'으로 번역해 놓은 것을 여기에서는 '단독성'으로 고쳐 사용했다.
38) 같은 책.
39) 같은 책, 193.

로 얽혀있는 정체성의 올무로부터 자기 분열하고 단절하여 관용과 인내를 가지고 차이를 가로질러 평등을 향해 나아가는, 사건 이후의 주체를 본다.

2. 아감벤의 바울 해석과 주체의 문제: 잔여-주체

바울을 연구한 또 한 명의 철학자 아감벤은 자신의 로마서 주석에서 메시아적 삶과 그 시간 구조를 밝힘으로써 메시아 신앙이 바울 신학에 있어서 기본 토대를 이루고 있음을 보이고자 한다. 이 작업은 그의 주저인 『호모 사케르』(*Homo Sacer*)에서 논한 주권 권력과 예외의 관계 문제와 얽혀서 하나의 역동성을 만들어 낸다. 동시에, 『호모 사케르』와 『존재와 사건』이 『남은 시간』(*The Time that Remains*)과 『사도 바울』이 호응을 이루면서 아감벤과 바디우의 대비가 선명하게 드러나기도 한다.

당장 아감벤은 바디우가 '단독성' 개념을 설명하기 위해 제시한 집합론적 개념군들을 파열시키는 개념으로 자신의 '주권적 예외'를 내놓는다. 『존재와 사건』의 "성찰8"에서 바디우는 원소와 부분[집합]이라는 집합론의 개념들을 가지고서 존재론을 전개하는데, 이를 통해 존재의 유형을 정상성, 단독성, 돌출의 세 가지로 정리한 바 있다.40) 이에 앞서 그는 어떤 집합의 원소가 되는 것(속함)을 현시(presentation)에 대응시키고, 부분집합이 되는 것(포함)을 재현(representation)에 대응시키는 선행작업을 한다.[41] 바디우의 집합론적 존재론에서 α가 β에 '속한다'는 것은 α가 β라는 집합의 속성을 규정하는 구조(이를 상황이라 할 수 있다)의 일원으로 셈해진다는 뜻이고, α가 γ에 '포함된다'는 것은 어떤 구조를 가진 α가 그 메타구조(이것이 상황의 상태에 해당한다)인 γ의 일원으로 셈해진다는 뜻이다. 예컨대, 속함은 한반도에 살고 있는 개개인을 말한다면, 포함은 국민이라는 호명 하에 대한민국이라는 국가에 새롭게 편입된 개개인을 말한다. 이때 정상성이란 어떤 원소가 속함(현시)이면서 동시에 포함(재현)일 경우를 말하고, 단독성은 속함이기는 하지만 포함은 아닌 경우를, 돌출은 속함은 아니지만 포함인 경우를 일컫는다.

아감벤의 반론은 바로 이 지점에서 시작된다. 질문은 이것이다: "… 주권적 예외는 과연 어디에 해당될까?"[42] 바디우라면 주권적 예외를 단독성의 유형에 집어넣을 것이다. 주권으로부터의 예외이므로 국민은 아니지만 한반도에 여전히 살고 있는 개인인 경우가 바로 주권적 예외에 해당할 테니까 말이다. 하지만 아감벤

---

40) 바디우, 『존재와 사건』, 163-177 참조.

41) 같은 책, 145-149 참조.

42) 조르조 아감벤/박진우 옮김, 『호모 사케르: 주권 권력과 벌거벗은 생명』(서울: 새물결, 2008), 71.

은 재현 불가능함도 또 하나의 재현의 형상이 아니냐고, 예외 또한 포함의 한 형상이 아니냐고 주장함으로써 주권적 예외는 존재의 네 번째 유형인 단독성과 돌출 사이의 어떤 "비식별역의 영역"43)의 존재여야 한다고 말한다. 이로 인해 예외와 규정을 "분명하게 구별할 수 있는 모든 가능성이 근본적으로 위기에 처하게 된다."44) 이것이 바로 아감벤이 전면에 내세우는 예외적 주체, "인간의 생명이 오직 자신을 배제하는 형태로만… 법질서 속에 포함될 수 있었던 고대 로마법의 모호한 형상,"45) 곧 호모 사케르가 폭로하는 상황이다.

아감벤은 호모 사케르, 또는 [주권적] 예외를 '포함된 배제'(inclusive exclusion)46)로 정식화한다. 포함된 배제는 또한 배제된 포함(exclusive inclusion)을 대립쌍으로 갖는데, 이 두 대립쌍은 "서로 구별할 수 없"47)다는 점에서 규정이나 구조의 현시를 넘나들며 이 현시를 비식별역으로 만든다. 주목할 것은 아감벤의 철학역시 자본주의와 대립하고 있다는 사실이다. 그에게 자본주의는 생명정치적 신체를 생산하는 주권 권력의 근대적 장치다.48) 생명

---

43) 같은 책, 72.

44) 같은 책.

45) 같은 책, 46.

46) 같은 책, 60-69. 참조; Agamben, *The Time that Remains*, 105.

47) 아감벤, 『호모 사케르』, 68.

정치를 구사하고 있는 자본주의적 권력장치 내에서 주체화되는 것으로서 포함된 배제는 "배제된 것을 다시 포함시키는 것"[49]이라는 점에서 비식별역의 영역에 거한다. 그리고 이 영역에 거하는 주권적 예외로서 포함된 배제는 바로 그러한 영역에 거한다는 사실로 인해 전체와 예외의 구분을 효력정지시키고 새로운 질적 변화의 자리로 세계를 몰아붙인다. 포함된 배제, 비식별역의 존재는 아감벤의 사유 곳곳에서 핵심적인 주체로 등장하는데, 때로는 아우슈비츠의 '무젤만'(der Muselmann)으로,[50] 때로는 이 글에서 더욱 집중하려는 바울의 '잔여'(remnant)로 나타난다.

'잔여'(remnant)는 그 성격상 일종의 무관심 내지 무시의 영역, 이를테면 전체로 상정되는 것의 외부에 놓인 것을 말한다. 하지만 이들이 전체의 외부에 놓인 것으로 상정된다고 해서 그들의 실제적인 존재 자체가 소거될 수 있는 것은 아니다. 그들은 배제되고 망각되었다는 사실 그 자체로 이미 전체에 어떤 식으로든

---

48) 같은 책, 42; 아감벤은 푸코의 통치성 개념에 입각한 생명정치를 자신의 논의의 장에 도입한다. 권력 장치를 말할 때도 그는 푸코의 이 개념을 따라 권력의 이론을 구축하고 있다. 아감벤/양창렬 옮김, 『장치란 무엇인가?: 장치학을 위한 서론』 (서울: 난장, 2010), 22-48 참조.

49) 아감벤, 『호모 사케르』, 67.

50) 조르조 아감벤/정문영 옮김, 『아우슈비츠의 남은 자들: 문서고와 증인』 (서울: 새물결, 2012), 61-130 참조.

관여하며, 그렇게 함으로써 전체가 하나의 불가능임을 폭로한
다. '잔여'는 어떤 확립된 구조도 "그 구성상 '전부가 아니다'라
는"51) 사실을 드러내며, 양자택일의 대립이 작동하지 않는 "이
중부정의 형식을 취하는 제3의 항을 허용한다."52)53)

따라서 아감벤의 '잔여'는 일종의 변증법적 과정을 따라 끊임
없이 운동하는 존재라고 할 수 있다. 그가 제안하는 이 일종의 변
증법을 이중부정의 변증법이라고 할 수 있는데, 이 변증법은 '아펠
레스의 절단'이라는 제목 하에 전개된다.54) 이 절단은 '절단의 절
단'에 다름 아닌데, 절단을 절단함으로써 절단의 유효성을 철회하
는 것, 그리하여 절단으로 인한 구분이 불가능에 처하고 비결정의
영역임이 드러나는 것을 뜻한다. 이러한 변증법적 사고방식은 중
관불교의 공(空)의 논리와 유사하다. 이 논리의 기본적인 사유방
식은 불이적(不二的)인 것으로서 중관불교의 창시자인 용수(龍樹,
Nāgārjuna)의 이른바 사구부정(四句否定)55)에서 그 원형을 발견

---

51) Agamben, *The Time that Remains*, 50.

52) 같은 책, 51.

53) 신익상, "근본주의와 가난의 문제: 민중신학의 '민중'과 아감벤의 '잔여'를 연
    결하여," 「신학연구」 68 (2016), 241.

54) Agamben, *The Time that Remains*, 49-55 참조.

55) 용수/김성철 옮김, 『中論』 (서울: 경서원, 1996), 401-405 참조. 이는 『중론』
    「제24장 觀四諦品」의 처음 여섯 게송의 내용으로 그 전문의 한역(漢譯)은 다

할 수 있다. 이 원형적 사유방식을 형식논리로 재구성하여 설명하자면, 이분법적 사유방식의 전제가 되는 배중률과 이중부정률의 거부다.

배중률은 '$\forall A, A \wedge \sim A$인 A는 불가능하다'(어떤 A도 A이면서 동시에 A가 아닌 그런 A는 불가능하다)고 말한다. 이것이 거부될 경우, '$\exists A, A \wedge \sim A$인 A가 가능'(어떤 A의 경우에는 A이면서 동시에 A가 아닌 그런 A가 가능)해야 한다. 이 경우 'A'와 'A 아님'의 접합면에 균열을 일으키는 제3의 존재들이 등장해야 할 것이다. A이면서 동시에 A가 아니기도 한 것이라면 그것은 단지 A인 것도 아니고 A가 아닌 것도 아닐 것이기 때문이다. 이 존재들은 'A'와 'A 아님' 사이에 놓인 다양한 스펙트럼을 갖는 연속적/불연속적 계열을 형성할 수 있다. 이제 不二的 사유의 자기부정은 이러한 계열의 다양성을 포착하는 과정을 통하는 것이 된다.[56]

음과 같다. "若一切皆空 無生亦無滅 如是則無有 四聖諦之法. 以無四諦故 見苦與斷集 證滅及修道 如是事皆無. 以是四無故 則無四道果 無有四果故 得向者亦無. 若無八賢聖 則無有僧寶 以無四諦故 亦無有法寶. 以無法僧寶 亦無有佛寶 如是設空者 是則破三寶. 空法壞因果 亦壞於罪福 亦復悉毀壞 一切世俗法."

56) 신익상, "종교해방과 존재해명 - 그 불이적임," 「신학연구」 63 (2013), 138-139.

하지만 배중률만으로는 제3의 존재들이 질적으로 다름을 표현할 방법이 없다.

이러한 질적 차이를 간과하지 않도록 하는 원리가 이중부정률의 거부에서 유도된다. 이중부정률은 $\forall A, \sim (\sim A) = A$ (어떤 A도 A를 이중으로 부정하면 A로 되돌아온다)라고 말한다. 이 원리 또한 이원론을 전제로 한 것이다. 이것을 거부할 경우 $\exists A, \sim (\sim A) \neq A$(어떤 A의 경우에는 A를 이중으로 부정해도 A로 되돌아오지 않는다)가 가능케 된다. A가 아닌 것이 부정된다고 해서 반드시 A로 되돌아가지 않는 이러한 경우라면, 그것은 A가 아닌 것이 A에 의존하지 않는 독자적인 실재가 되며, 더욱이 이러한 이중적 자기부정의 결과가 자기 자신에게로 돌아오지 않는 어떤 '과정'에서 비롯되어야 한다는 것을 가리키고 있다고 할 수 있다.[57]

따라서 아감벤이 쿠자누스(Nicholas of Cusa)를 의지해서 "A와 A 아님의 대립이 이중부정의 형식을 취하는 제3의 항을 허용한다"[58]고 말할 때, 이 제3항은[59] 공의 논리를 따라 이분법적 사유

---

57) 같은 글, 139.

58) Agamben, *The Time that Remains*, 51.

59) 제3항은 그것을 표현할 기호나 수단이 부재하다는 점에서 "표시되어 있지 않

가 전제하는 실재의 식별역을 이탈해 있는 독자적인 실재에 다름 아니다. 여기서 중요한 것은 이 이탈이 A와 A 아님의 세계 '내부로부터의' 이탈이자 그 '내부를 향하는' 이탈이라는 사실이다. 이를 부연하여 설명하기 위해 우리는 비로소 아감벤이 바울을 통해 제시한 세 개의 큰 개념, 곧 '메시아적 주체', '메시아적 시간[구조]' 그리고 '메시아적 삶'을 검토해야 한다.

우선 아감벤은 바울이 '그리스도' 또는 '메시아'라는 말을 어떤 의미로 사용하고 있는가를 이야기의 출발점으로 삼아 이 말이 어떤 긴장 상태를 표시함을 밝혀간다. 바울이 '그리스도'라는 단어를 사용한 용례를 볼 때, 바울에게 '그리스도'는 고유명사가 아니라 보통명사였다고 하면서 바울이 알고 있던 것은 예수 그리스도라는 이름을 가진 인물이 아니라, 예수라는 구세주, 또는 구세주인 예수였음을 강조한다.[60] 이러한 강조는 메시아주의를 논의하기 위한 핵심적 토대일 수 있는데, 만일 '그리스도'가 고유한 이름이라면 우리는 더 이상 그 이름의 의미를 물을 수 없게 되기 때문이다. 하지만 이 단어가 보통명사라면, 우리는 이제 이 단어가 뜻하는 바를 캐물을 수 있다. 더욱이 바울이 로마서에서 구세주(그리스도)인 예수에게 돌리던 복음(*euaggelion*), 믿음(*pistis*), 의(*dikaiosynē*),

---

은 항"이다. 그러나 이 항은 "기호가 결여되어 있음의 기호" 역할을 함으로써 부재가 아닌 실재의 지위를 갖는다: 같은 책, 101.

60) 같은 책, 15-18 참조.

평화(eirēnē) 등의 용어들이 실은 황제숭배를 위해 로마제국이 선전용으로 구사하던 이념적 용어들이었다는 점,[61] 더 나아가 '그리스도'라는 칭호 자체가 바울 당시 로마제국의 황제들에게 돌려지는 용어였다는 점은[62] 바울이 이 용어로서 무엇을 의미하려 하였는가 하는 질문의 중요성을 환기시킨다. 바울에게 메시아적인 것은 어떤 것인가?

아감벤에 의하면 '메시아적인 것'은 자기 자신과의 긴장 상태에 놓인다. 이 긴장 상태를 표시하는 형식은 '~이 아닌 것처럼(as not, hōs mē)'으로서,[63] 이것이야말로 바울의 핵심어라고 그는 말한다. 이 형식 속에서 메시아적 긴장은 "다른 곳을 향하는 것도 아니고, 자신과 대립항 사이의 무차별 속에서 스스로를 소진시키는 것도 아니다."[64] 오히려 '~이 아닌 것처럼'을 통해서 각각의 대상이 스스로를 향하게 함으로써, 스스로를 통과하는 가운데 [종말을 성취하는 것이 아니라] 자신의 종말을 준비하는 것을 의미한다.[65]

---

61) 디터 게오기, "로마 제국주의의 이데올로기를 전복시킨 복음," 『바울과 로마 제국: 로마 제국주의 사회의 종교와 권력』 (서울: CLC, 2011), 225.

62) 존 도미닉 크로산, "로마제국의 신학," 『제국의 그림자 속에서: 신실한 저항의 역사로서 성서 새로 보기』 (고양: 한국기독교연구소, 2014), 127.

63) Agamben, *The Time that Remains*, 23-25 참조.

64) 같은 책, 24.

65) 같은 책, 24-25; 조르조 아감벤/박진우·정문영 옮김, 『왕국과 영광: 오이코노

'메시아적인 것'의 이러한 의미를 통해서 아감벤에게 메시아적 삶이란 무엇인가를 두 가지 정도로 정리할 수 있다. 첫째, '~이 아닌 것처럼'은 메시아적 삶을 가장 엄밀하게 정의하는 형식이자 메시아적 소명(vocation, *klēsis*)에 완전히 내장되어 있는 것으로, 이로 인해 이 소명[과 이 소명을 받은 삶]은 내재하는 운동이거나, 또는 내재와 초월 사이의, 이 세계와 도래하는 세계 사이의 절대적인 비식별의 영역이 된다.66) 이러한 운동 또는 영역에서 삶은 "미리 규정된 형식과 일치할 수 없는 불가능성"67)이다. 쉽게 말해, 메시아적 삶을 사는 이는 주어진 삶을 살지만 주어진 바로 그 삶을 추구하며 살지 않는다. 주어진 삶과 추구하는 삶의 불일치가 주어진 삶 내부에서 벌어지는 것이다. 따라서 둘째, 메시아적 삶은 잠재태(potentiality, *dynamis*)를 현세에서 행위하는 것(act, *energeia*)으로서의 믿음이다.68) 다시 말해 내재 속에서 내재와 초월의 식별이 문제시되는 지점이자, 이 지점에서 이러한 비식별을 운동하는 것이다.

메시아적인 삶의 내재적인 운동의 성격은 그 내재가 비식별과 관련되어 있다는 점에서 이내 그 시간[구조]을 의문시하게 한다.

미아와 통치의 신학적 계보학을 향하여』(서울: 새물결, 2016), 506 참조.

66) Agamben, *The Time that Remains*, 23, 25.

67) 아감벤, 『왕국과 영광』, 507.

68) Agamben, *The Time that Remains*, 90.

이 의문은 잔여가 이중부정의 변증법을 형식으로 갖는 과정이자 운동이라는 앞의 설명과 맞물려 강화된다. 메시아적 시간[구조]은 어떤 시간[구조]인가?

아감벤은 메시아적 시간을 한편으로는 종말론적 시간과 분리해 내고, 다른 한편으로는 지금의 시간(the time of the now, *ho nyn kairos*)과 결합함으로써 메시아적 시간의 형상을 그려내고자 한다.69) 메시아적 시간은 유대 묵시 전통과 랍비 전통에서 구별해 온 두 시간, 즉 이 세계의 지속을 표시하는 올람 하제(*'olam haz-zeh*)와 도래하는 세계를 표시하는 올람 하바(*'olam habba*)의 어디에도 속하지 않는 시간, 올람 하제의 끝(시간의 종말)이 아니라 그 끝의 시간으로서 "시간과 종말 사이에 남은 시간,"70) 그리하여 두 시간의 분할을 분할함으로써 시간의 분할 자체를 비식별케 하는 시간이다. 이 시간은 "세속적 시간의 일부로서 전적으로 변혁하는 수축을 감행하는"71) 시간, 구원을 위해 남아있는 이행의 시간,72) 그리하여 이전의 시간과 비균질한 시간이 창조되는 시간의 심원한 비연결,73) 하지만 미래의 사건이 아닌 현재의 사실과 관

---

69) 같은 책, 61-64 참조.
70) 같은 책, 62.
71) 같은 책, 64, 83.
72) 같은 책, 69.
73) 같은 책, 72.

련된 시간,74) 그래서 이 현재는 동시에 과거의 요약적인 개요이자 결별로서 구원이 되는 시간이다. 지금의 시간으로서 메시아적 시간은 기억을 통해 이루어지는 과거와 현재의 수축이기에75) 아감벤에게 메시아적 사건은 과거와의 단절이 아니라 과거와 지금 시간의 비식별적인 중첩으로서 바디우의 사건과 대립하는 것처럼 보인다.

그렇다면 남은 시간, 곧 메시아적 시간에 남은 것은 무엇인가? 이 비식별의 시간 속에서 메시아적 삶을 감행하는 주체는 누구인가?『남은 시간』에서 아감벤은 주체를 메시아적 소명과 관련해서 꼭 두 번 언급한다. 그리고 반드시 그 앞에 '메시아적'이라는 수식어를 대동한다. 그에 의하면 "메시아적 주체는 참된 결정이라는 형식을 취하든 아니면 죽음을-향한-존재76)라는 형식을 취하든 상관 없이 적절하게 정의될 수도, 전체로서 포착될 수도 없다."77)

---

74) 같은 책, 89.

75) 같은 책, 78; 아감벤,『아우슈비츠의 남은 자들』, 37. 참조: 여기서 아감벤은 살아남은 자, 따라서 남아있는 자의 소명은 기억이라고 말하고 있다.

76) '죽음을 향한 존재'는 하이데거(Martin Heidegger)의 용어로서, 하이데거에 의하면 죽음이라는 "뛰어넘을 수 없음"을 향해 자신을 개방할 때 전체적 존재 가능으로서 실존할 가능성이 있다. 마르틴 하이데거/소광희 옮김,『존재와 시간』(서울: 경문사, 1995), 372-382 참조. 다시 말해 죽음이라는 비본래적인 것이 본래적인 것으로서의 존재와 변증법적으로 관계되어 있다는 것인데, 아감벤은 여기서 하이데거가 구사하는 변증법이 바로 바울의 메시아적인 것, 즉 '마치 ~이 아닌 것처럼'에서 배운 것이라고 말한다: Agamben, *The Time that Remains*, 33-34.

또한 메시아적 소명에 사는 메시아적 주체는 "이 세계가 이미 구원받은 것처럼 바라보지 않는다. … 구원받을 수 없는 것 속에서 자기 자신을 잃어버릴 정도까지만 구원을 생각한다."78) 다른 글에서 아감벤은 증언의 주체에 대해서 말하기도 하는데, 이때에도 주체는 오직 탈주체화를 증언할 수 있을 뿐이다.79)

메시아적 주체는 자기 정체성을 확립할 수 없는, 현시와 재현 모두에 있어서 이탈해 있는, 따라서 그 어떤 규정이나 목적으로부터도 배제된, 그럼에도 그러한 규정이나 목적으로부터의 배제가 바로 그 배제라는 작용을 통해 포함시키고 있는 주체다. 이러한 주체를 아감벤은 바울의 '잔여'에서 찾는다. 결국, 우리는 잔여로부터 출발해서 다시 잔여로 돌아오게 된 셈인데, 아감벤 자신이 잔여와 주체를 연결해서 말하는 반면,80) 주체 자체의 불가능성에 대해서는 어디에서도 말하고 있지 않다는 사실에 의존하여, 아감벤의 [바울의] 잔여를 '잔여-주체'로 명명할 수 있다.81)

이러한 명명에 정당성을 부여하기 위해 메시아적 주체의 관념

---

77) 같은 책, 34.

78) 같은 책, 42.

79) 아감벤, 『아우슈비츠의 남은 자들』, 180-181 참조.

80) 같은 책, 233: 아감벤은 "증언의 주체, 아니 사실상 모든 주체성은… 남은 것(remnant)이라는 사실…."에 대해 말한다. 여기에 이러한 주체성에 어떤 토대도 없다는 단서를 붙여서 말이다.

81) 이러한 명명은 신익상, "근본주의와 가난의 문제"에서 이미 제안된 것이다.

을 가지고서 잔여를 다시 설명해 보도록 하자. 잔여는 전체의 외부에 있으면서도(따라서 전체에 의해 규정되지 않고 어떤 효력도 미치지 않는다), 동시에 전체에 의해 규정되지 않고 효력도 미치지 않는다는 그 사실이 규정과 효력이 되는 대상이다. 잔여는 전체에 의해 배제되는 형식으로만 전체의 효력 '안에' 있다. 그렇다면, 잔여는 포함된 배제의 다른 이름이 된다. 따라서 잔여는 메시아적 주체의 등가로서 제시될 자격을 얻는다. 하지만 잔여가 '주체'려면 그것의 작용을 어떤 식으로든 발견할 수 있어야 한다. 순수한 수동성을 주체로 부를 수는 없기 때문이다. 여기에서 아감벤의 이중 부정의 변증법이 잔여가 주체로서의 계기를 획득할 수 있도록 하는 메시아적인 것으로 등장하게 된다. 즉, 잔여가 다른 어떤 외적인 요소를 요청함 없이,

　　바로 잔여가 처한 이 상황, 배제의 형식으로 포함되는 상황은 전체의 경계를 관통하여 그 바닥으로부터 허물고 전체를 결정 불가능한 상태에 빠뜨린다. 아감벤은 다음과 같이 말한다: "메시아주의란 결국 일종의 예외 상태의 이론이다. 단 유효한 권력이 그러한 예외 상태를 선포하는 것이 아니라, 권력을 전복시키는 메시아가 그것을 선포한다는 차이가 있을 뿐이다."[82]

---

82) 아감벤, 『호모 사케르』, 135; 신익상, "근본주의와 가난의 문제," 247. 잔여와 예외상태의 관계와 관련해서는 또한 Agamben, *The Time that Remains*,

그런데 권력의 전복은 무엇을 통해 일어날까? 아감벤이 바울에게서 찾은 것은 약함(*astheneia*)(고후12:9)이다.83) 약함이 가진 권능은 두 가지다. 그중 하나가 효력정지/작동정지(inoperativity),84) 즉 카타르게시스(*katargēsis*)85)인데, 메시아적인 것과 정합적으로 연결되는 이 개념은 [율]법과 은총을 분열과 단절이 아닌 변증법적 성취로 연결하는 매개이기도 하다.86) 물론 여기에서 은총은 [율]법과 대등한 위치에 놓이지 않는다. 그것은 [율]법에 대하여

106-107 참조.

83) 같은 책, 97.

84) 아감벤이 헬라어 *katargēsis*에 대응하는 단어로 내세운 *désoeuvrement* (inoperativity)는 한국 철학계에서 일반적으로 무위(無爲)로 번역되고 있다. 『왕국과 영광』을 번역한 박진우와 정문영도 이러한 관례를 따르고 있고, 서동욱이 벤야민(Walter Benjamin)과 아감벤으로부터 이 단어를 뽑아내어 사용할 때도 마찬가지다. 서동욱, "행복과 메시아적 몰락 — 바울·벤야민·레비나스·아감벤," 『서강인문논총』 53 (2018.12), 259-268 참조. 하지만 이러한 번역은 비식별역에서의 이중부정의 변증법적 운동으로서의 작동정지를, 반드시 자본주의가 아닐지라도 권력장치에 속박되어 형성되는 주체 일반의 비활성화를, 노동과 생산의 관계 문제로, 엄밀하게는 노동 없는 생산의 문제로 단순화할 위험이 있다. 실제로 서동욱은 그렇게 했고, 이를 도가(道家)의 무위자연(無爲自然) 사상과도 연결시키려 한다. 하지만 아감벤은 목적 없는 비운동으로 사태를 단순화하려고 한 바 없다. 그가 말하고자 했던 것은 포함된 배제와 배제된 포함이 모두 비식별역에 놓이며, 새로운 성취를 향해 가는 끊임없는 작동(사용)과 작동정지(지양)의 교차로서의 작동정지다. 따라서 무위라는 번역보다는 좀 덜 세련되더라도 작동정지나 효력정지로 옮기는 것이 본의를 전달하는 것이라고 판단된다.

85) 같은 책, 98-101 참조.

86) 같은 책, 120-121 참조.

과잉이며,[87] 따라서 [율]법의 작동을 철회시키는 비식별역이다. 그러나 비식별의 영역에서 잔여가 하는 일은 이전의 차이들을 완전히 파괴하고 무화하는 것이 아니라 효력정지시킴으로써 이 차이들이 선한 상태를 향하게 하는 것이다. "메시아적 카타르게시스는 단순히 폐지하지 않는다. 그것은 유지하고 성취한다."[88] 약함의 두 번째 권능은 이 성취의 결과로서 등장하는데, 그것은 사용이다.[89] [율]법과 규정의 효력정지는 잔여가 자유를 획득하게 하며, 이 자유는 소유에 대립하는 자유로운 사용으로의 변용을 가능케 한다.

이상의 논의를 간단히 정리함으로써 아감벤의 메시아적 주체를 '잔여-주체'로 수렴시키도록 하자. 잔여의 주권적 예외라는 성격이 갖는 주체적인 힘은 탈주체화에 있는 것이며, 잔여는 이를 통해 전체의 주체 규정을 효력정지시키는 자기 초월적 주체가 된다. 이 주체가 일체의 보편을 작동불능의 상태에 빠뜨리리라는 것은 분명하다. 전체의 규정이 어떤 보편을 주장하더라도 이내 잔여의 탈주체화에 의해 그 불가능성이 폭로됨과 동시에 효력정지될 것이기 때문이다. 따라서 아감벤에게 어떤 주체가 가능하다면, 그

---

87) 따라서 바디우와 마찬가지로 아감벤에게도 은총은 보상과 대가와 대립하여 중단시키는 무상성과 관련된다. 같은 책, 120-121, 124 참조.

88) 같은 책, 99.

89) 같은 책, 137.

것은 언제나 메시아적 시간 속에서 이중부정의 변증법이라는 형식을 따르는 메시아적 소명의 삶을 살며 보편-주체의 탄생을 철회시키는 주체, 배제의 기획을 내파하는(이 내파의 파괴력은 잔여-주체 자신까지 미친다) 잠재성의 현실화, 그리하여 탈주체화하는 역량, 바로 '잔여-주체'뿐이다.

3. 지젝의 바울 해석과 주체의 문제: 진정한 유물론적 케노시스(Kenosis)

지젝의 바울 해석을 논하기 전에 미리 아쉬움을 밝히며 시작해야 하겠다. 바울 해석과 관련하여 주목할 수 있는 지젝의 대표적 저서는 『죽은 신을 위하여』(*Die Puppe und der Zwerg*)인데, 늘 그렇듯 그의 현란하고 신선한 문장력과 예리한 문제의식이 돋보임에도, 이것이 불필요하고 부정확한 낯선 정보들에 의해 방해를 받는 경우가 있다는 점이다. 대표적인 예가 물리학으로부터 자신의 사유를 지지할 정보를 끄집어내려고 할 때다.

일반상대성이론의 한 결론을 통해 ―그가 이해한 바에 의하면 일반상대성이론은 질량을 가진 대상이 시·공간의 왜곡과 휘어짐에 영향을 주는 원인이 아니라 오히려 그 왜곡과 휘어짐에 영향을 받아 나타나는 효과임을 알려준다― 그는 "실재계가 상징 공간을

'구부리는' 비활성의 현존이 아니라 이러한 간극과 모순의 효과"[90]라는 자신의 주장을 지지하고자 한다. 하지만 일반상대성이론은 질료와 시·공간을 원인과 결과의 관계로 규정하지 않으며, 그럴 수도 없다. 오히려 일반상대성이론은 "물질과 에너지의 존재는 시·공간의 굴곡을 결정하며, 그 근처를 지나가는 모든 물체들의 경로는… 시·공간의 굴곡에 따라 좌우된다"[91]고 알려준다. 질료[92]와 시·공간은 되먹임 고리를 형성하며 서로에게 원인이자 결과가 되고 있는 것이다. 지젝이 일반상대성이론이 담고 있는 존재론적 함의를 통해 현실 사물의 존재론적 차원과 인식론적 차원이 구분 가능하다는 통념이 틀렸고 사물 자체는 "현상들 사이의 [개념적] 모순의 존재화에 불과하다"[93]는 것을 밝히려 했지만, 우리가 일반상대성이론으로부터 알 수 있는 것은 사물과 시·공간은 되먹임고리로 서로 얽혀 있으며, 더욱이 시·공간은 중력의 현현(顯現), 따라서 질료의 현현으로서 상상 공간이 아니라 실제적인 양이라는 사실이다.[94] 일반상대성이론에 대한 지젝의 오해는

---

90) 지젝, 『죽은 신을 위하여』, 109. 또한, 같은 책, 122 참조.

91) 브라이언 그린/박병철 옮김, 『우주의 구조: 시간과 공간, 그 근원을 찾아서』 (서울: 승산, 2014), 124.

92) 일반상대성이론의 핵심 아이디어는 질료의 존재(중력)와 질료의 운동(가속도)이 다른 실체가 아니라는 데 기초한다.

93) 지젝, 『죽은 신을 위하여』, 109.

94) 그린, 『우주의 구조』, 130.

사실 상대성이론 일반에 관한 오해에 기초하고 있다. 그리하여 특수상대성이론에 관한 오해를 바탕으로 사물에 관한 통념적 원리를 설명하고 이를 역전시키는 논리가 일반상대성이론으로부터 가능함을 논한 것인데, 여기서는 특수상대성이론에 관한 오해에 대해서는 넘어가기로 하자.

하지만 힉스장(Higgs field)에 대한 이해에서는 '무'(無) 개념에 대한 멋진 사유의 사례를 제공한다. 그는 힉스장에서 핵심적인 요소 중 하나인 진공상태를 무에 관련시킨다.[95] 그런데 현대 물리학에서 진공상태는 말 그대로 아무것도 없는 텅 빈 상태를 의미하지 않는다. 그것은 가장 낮은 에너지 상태, 즉 바닥 상태에 있는 일종의 양자상태로, 확률적 미결정성이 요동치고 있는 복잡한 상태다. 이 진공의 들뜬 상태가 바로 입자들의 세계인데, 따라서 진공과 입자는 연결되어 있다.[96] 이 바닥 상태에서 들뜬 상태로의 이행 과정이 질량 개념과 관련되어 있고, 힉스장은 질량의 탄생에 관계된다. 따라서 지젝이 "힉스장은 '무에서 유를 창조한다'의 물리학적 버전"[97]이라고 한 말은, "무라는-존재(être-rien)는… 비존재(non-être)와는 구분"[98]되며, "비정합성의 형식으로 존재한

---

95) 지젝, 『죽은 신을 위하여』, 151-152.

96) 리언 레더먼·크리스토퍼 힐/곽영직 옮김, 『힉스 입자: 그리고 그 너머』(서울: 작은책방, 2014), 115-116.

97) 지젝, 『죽은 신을 위하여』, 151.

다"[99])는 바디우의 존재론적 전제와 일치한다. 그리하여 신의 절대적 창조를 가리키던 이 문장은 유물론적 생성을 찬미하는 문장이 된다. 따라서 『죽은 신을 위하여』 서문의 다음과 같은 주장이 지젝이 말하고자 하는 핵심적 요점이 된다는 사실을 확인할 수 있다: "기독교의 전복적 핵심은 **오로지** 유물론적 접근을 통해서만 이해할 수 있으며, 역으로 진정한 변증법적 유물론자가 되기 위해서는 기독교적 경험을 거쳐야 한다…"[100]

기독교와 유물론의 종합을 위해 지젝이 출발점으로 삼는 것은 바울에게서 참조한(빌 2:7) 케노시스(kenosis) 개념과 그 신학적 정식화인 성육신 개념이다.[101] 그는 우선 바디우를 따라 바울이 경험한 그리스도 사건을 보편적 단독성으로 읽는다. 동시에 그는 바울이 사도들의 외부인인 사도로서 유다를 대체하는 또 하나의 배신자라고 본다. 구체적인 역사적 예수를 일련의 원칙들로 환원하고 제거했다는 점에서 일종의 배신자라는 말이다. 나아가 바울은 유대 전통 속에서 유대교를 잠식하고는 마침내 **"단절 그 자체"**[102]

---

98) 바디우, 『존재와 사건』, 103.

99) 같은 책, 105.

100) 지젝, 『죽은 신을 위하여』, 11. (고딕체는 원문에 의한 것임)

101) 도미니크 핀켈데/오진석 옮김, 『바울의 정치적 종말론: 바디우/아감벤/지젝/샌트너』 (서울: 도서출판b, 2015), 18-19 참조.

102) 슬라보예 지젝, 『죽은 신을 위하여』, 19. (고딕체는 원문에 의한 것임)

인 기독교라는 새로운 종교를 형성해 낸 이라고 주장한다. 지젝은 여기에서 멈추지 않는다. 바울이 성취한 단절은 유대교에서 기독교로의 이행만을 가져온 것이 아니라, 이 이행 과정에서 신 자신은 스스로에게서 버림받고[103] 그로 인해 "그리스도교 안에는 어떠한 '핵심'도 없다는 역설"[104]까지 나아간다.

바로 여기서 "이중적 케노시스"(double kenosis)[105]와 신의 성육신은 신이 어떻게 스스로를 버렸는가를 설명하는 핵심으로 등장한다. 인간의 주체성이 출현하기 위해서는 "실체적 인격과의 연계를 끊고 스스로를 실체적 내용을 제거한 나로 정립해야"[106] 하는데, 이를 위해서는 먼저 신이 신 자신의 보편적 실체성을 비우고 피조계로 하강하여 자신을 자신으로부터 대상화하는 일이 선행해야 했다는 것이다. 그렇게 함으로써 인간과 신의 간극이 인간의 내재된 간극으로 전도되고, 인간의 자기 정체성은 지속 불가능해진다.[107] 이를 설명하는 정밀한 내용이 바로 신의 성육신의 교리다. 성육신한 신, 곧 그리스도의 십자가 죽음은 "지구상–유한한

---

103) 같은 책, 26-27.

104) 핀켈데, 『바울의 정치적 종말론』, 19.

105) 지젝·밀뱅크/박치현·배성민 옮김, 『예수는 괴물이다』(서울: 마티, 2013), 98.

106) 같은 책, 100-101.

107) 핀켈데, 『바울의 정치적 종말론』, 19.

신의 대리자의 죽음일 뿐만 아니라, 저 너머 초월적 신 스스로의 죽음이기도 하"[108]다는 것이다.[109] 이 죽음 이후 성령의 도래라고 하더라도 신의 죽음을 되돌릴 수는 없는데, "신자 공동체의 정신"에 다름 아닌 성령은 신이 이제 "가상적/이념적 실재(entity)로 이행"[110]했으며, "단지 행동하는 개인들의 '전제'로서만 존재하는 그 무엇"[111]이 되고 말았음을, 신 자신이 지양되었음을 선언하고 있기 때문이다. 따라서 『죽은 신을 위하여』의 1장이 성육신에 대한 전도된 질문에서 시작되는 이유가 분명해진다:

영원성이 한시성보다 못한 것이라면? 영원은 순수한 가능성의 상태인 불모, 불능, 무생명의 영역이며, 영원이 스스로를 현실화하기 위해서는 한시적 존재를 거쳐야 한다면? 신이 인간에게 내려오는 것이 인류를 향한 은총의 행위가 아니라 오히려 신이 온전한 현실성을 획득하고 영원성의 숨 막히는 제약에서 스스로를 해방하는 유일한 방법이라면? 신이 스스로를 현실화하는 방

---

108) 슬라보예 지젝·존 밀뱅크, 『예수는 괴물이다』, 102. 또한, 같은 책, 58 참조. 지젝에 의하면 성육신 이후 인간이 될 수 있는 것은 신이 아니라 인간이 된 신이다. 성육신은 비가역적이라는 것이다.

109) 이에 대한 더 자세한 설명의 시도는 핀켈데, 『바울의 정치적 종말론』, 128-129 참조.

110) 같은 책, 104.

111) 같은 책.

법이 인간적 인식뿐이라면?[112]

지젝에게는 그리스도의 죽음이 보편 개념의 죽음과 일치되면
서 중요하게 부각된다. 이 죽음을 통해 예수가 그리스도가 된 것
이 아니라, 그리스도가 유일한 단독자인 예수 그리스도가 되었다
는 것인데, 이는 보편성이 단독성 안에서 지양되었다는 말과 같
다.[113] 지젝에게 보편적 단독성은 보편성의 단독성 안에서의 지
양인 셈이다. 이러한 해석은 정확하게 예수 그리스도에 대한 통상
적 이해를 역전시킨 것이다. 기독교의 오랜 전통에서는 예수 그리
스도를 하나의 배타적 특수성이 보편성을 성취한 것으로(또는 보
편성이 특수성을 통해서 배타적으로 성취되는 것으로) 고백하기 때문
이다.[114] 그런데 이러한 역전의 근거를 지젝은 다시 '기독교의'
삼위일체론에서 찾는다! 초기 기독교에서 삼위일체론은 주로 신
의 삼위성과 성부와 성자의 동일성 논쟁 속에서 형성되었는데, 지
젝은 이 두 지점을 파고든다. 그에 의하면, "삼위일체의 교훈은 신
이 신과 인간 사이의 균열과 정확하게 일치한다는 것, 신이 바로
이 균열이라는 것…. 이러한 존재가 바로 그리스도"[115]라는 것이

---

112) 지젝, 『죽은 신을 위하여』, 23.

113) 같은 책, 30.

114) 슬라보예 지젝/김서영 옮김, 『시차적 관점』 (서울: 마티, 2011), 65 참조.

115) 지젝, 『죽은 신을 위하여』, 42.

다. 이로부터 그리스도라는 균열은 신을 신으로부터, 인간을 인간으로부터 분리한다. 보편성이 보편성으로부터 분리되고, 특수성이 특수성으로부터 분리되는 지점, 그것은 그리스도라는 보편적 단독자다.

이 분열에 근거해서 지젝은 일신교야말로 "유일하게 논리적인 둘의 신학(theology of the two)"[116)이라고 말한다. 지젝은 종교를 셋으로 유형화하는데, 0의 종교, 즉 무를 추구하는 종교(예컨대 불교)와 1의 종교, 즉 유일신을 추구하는 종교(예컨대 유대교, 이슬람교 그리고 사실은 다신교[117)]) 그리고 2의 종교, 즉 변증법적 분열의 종교(예컨대 '진정한' 기독교)다.[118) 그리고 변증법적 분열의 종교야말로 '진정한 일신교'라고 말한다. 왜일까? 무를 추구하는 대표

---

116) Slavoj Žižek, *The Puppet and the Dwarf: The Perverse Core of Christianity* (Cambridge · London: The MIT Press, 2003), 24: 국역본은 "the only logical theology of the two"를 "이자(二者)를 다룰 수 있는 유일하게 논리적인 신학"(지젝, 『죽은 신을 위하여』, 42)이라고 번역하고 있지만, 이는 존재론의 역사를 0, 1, 2로 표현하려는 지젝의 논지에서 볼 때 적절치 않다고 판단하여 영문본에 충실하게 번역하고자 한다. 지젝이 의미하는 '둘'은 두 개의 존재자가 아니라 변증법적 분열이다.

117) 지젝에 의하면 다신교는 일자의 배경이 있을 때에만 스스로를 드러낼 수 있다는 점에서 1의 종교다. 같은 책

118) 핀켈데(Dominik Finkelde)는 지젝의 0의 종교에 대한 논의를 고려하지 않고 있다. 오직 하나와 다수의 관계에 관한 서구의 오랜 철학적 전통 속에 지젝을 대입하여 논의하려고 시도한다. 도미니크 핀켈데, 『바울의 정치적 종말론』, 103-107 참조. 앞으로 보겠지만, 이러한 그의 태도는 바디우, 아감벤을 논하는 경우에도 마찬가지다.

적인 종교인 불교는 유로 복귀하지 못하고 철저한 탈주체화의 길을 걸으면서 당대의 현실에 대한 무관심을 조장함으로써 현실을 장악하고 있는 이데올로기—예컨대 오늘날의 후기 자본주의와 같은—에 효율적으로 동참한다.119) 한편, 순수하게 하나를 추구하는 종교들은 일자에 존재하는 불일치를 거부하고 타자를 일자로 환원함으로써 동등성(sameness)이라는 단조로움에, 아니면 다신교를 기반으로 배제를 효과적으로 수행하는 폭력성에 수렴하고 만다.120)

그러나 변증법적 분열의 종교로서 '진정한' 일신교는 "타자를 일자로 환원하는 것이 아니라 오히려 일자와 쌍을 이루는 기표가 이미-항상 없다는 사실을 받아들"121)인다. 이런 의미에서 지젝에게 기독교는 "유일하게 진정한 일신교이다. 왜냐하면 기독교는 자기 분화를 하나 속에 포함하기 때문이다. 기독교의 교훈은 진정 하나이고자 한다면 당신은 셋을 필요로 한다는 것이다."122) 여기서 셋이란 일자의 자기 분열을 말하는 것이며, 이 분열의 간극 속에서 일자의 현시는 실패함을 의미한다. 그렇다면, 지젝에게 현존하는 기독교는 충분하게 '진정한' 기독교였던 적이 없다. 그에게

---

119) 같은 책, 41, 45-51 참조.

120) 같은 책, 42-45 참조.

121) 같은 책, 44.

122) 지젝·밀뱅크, 『예수는 괴물이다』, 141.

"그리스도교는 종교 자체를 불필요하게 만드는 종교이기 때문이다."123)

지젝은 현존하는 기독교의 불충분함을 신의 전적 죽음 이후에도 신에 집착하는 도착증적인 종교라는 설명을 통해 부연한다.124) 이 설명을 위해 그가 동원하는 것은 상징적 거세와 가짜 희생의 구조 사이의, 조건부 행복의 교리와 바울의 유보(as-if-not) 사이의 대립이다.

라캉(Jacques Lacan)의 용어인 '상징적 거세'는 "내가 가져본 적이 없었던 것을 잃는 것"125)으로 대상-원인(대상a)은 그럼에도 불구하고 주체의 잔여물(remainder)—주체의 분열로 인해 가정적인 통일성이 무너지고도 남아있는 통일성의 흔적이자 상기물(reminder)126)—로 남는다. 이에 반해 가짜 희생은 '잃는 척하기'를 통해 거세를 거부한다. 지젝은 현존하는 기독교에 하나의 공식처럼 각인된 그리스도의 희생이 가짜 희생의 구조를 대변한다고 본다. 현존하는 기독교는 그리스도의 희생이 갖는 의미를 이렇게 가르치기 때문이다: "너는 욕망에 마음껏 탐닉하며 삶을 즐겨도 된

---

123) 핀켈데, 『바울의 정치적 종말론』, 134.

124) 지젝, 『죽은 신을 위하여』, 80-96 참조.

125) 같은 책, 85.

126) 브루스 핑크/이성민 옮김, 『라캉의 주체: 언어와 향유 사이에서』 (서울: 도서출판b, 2012), 121.

다. 내가 이미 그 값을 치렀으니!"127) 그리하여 그리스도의 희생 이후 다른 모든 희생은 희생인 척하기로만 가능하다. 이와 유사하게 조건부 행복의 교리는 외적 경계를 넘어가는 예외를 통해 온전한 기쁨을 누릴 수 있는 반면 바울의 '마치-아닌-것처럼'의 태도는 외적 경계를 내적 경계로 이동시킴으로써 기쁨의 유보라는 형식으로 기쁨의 능력을 박탈한다.

지젝에 의하면 이러한 왜곡된 그리스도의 희생, 이러한 왜곡된 바울적 유보가 보여주는 것은 현존하는 기독교의 도착적 한계다. "대타자가 더 이상 존재하지 않는다는 라캉의 테제"128)에 대한 반작용으로서 대타자를 인위적으로 제정하려는 일체의 도착적 시도는 가망이 없다고 보기 때문이다. 여기서도 지젝의 기독교에 있어서 핵심은 신의 죽음이라는 주제임을 다시 확인할 수 있다.

지젝은 신의 자기 분열, 또는 케노시스를 자신의 유물론적 존재론으로부터 끄집어내려는 시도를 병행하기도 하는데, 이로부터 사물과 기독교의 신은 구별 불가능하게 된다. 이 논의의 출발은 20세기의 핵심적 특징이 "실재계를 향한 열망"129)이라는 바디우의 규정에서 비롯된다. 그는 이 욕망이 정화와 뺄셈이라는 두 가지 방식으로 진행된다고 분석하는데, 정화는 실재계에 변하지

---

127) 지젝, 『죽은 신을 위하여』, 83. (고딕체는 원문에 의한 것임)

128) 같은 책, 89.

129) 같은 책, 103-104.

않는 핵심(현실130))이 있다고 생각하여 이 핵심을 추구하는 것이고 뺄셈은 반대로 공백에서 출발하여 공백과 그 대역 사이의 최소한의 차이(minimal difference)를 정립하는 것이다.131) 이 최소한의 차이는 다름 아닌 보편적 단독자(singular)와 상황 사이의 차이다. 바디우의 용어와 라캉의 용어를 교차시키는 가운데, 지젝은 이 최소한의 차이를 실재계와 실재계 사이의 차이로 옮겨놓는다. 이로부터 그는, 앞에서 본 것처럼 비록 상대성이론 일반에 대한 오해를 부적절하게 사용하여 비유하긴 하지만 다음과 같은 예비적 결론에 이른다. "라캉의 실재계—사물—는… 상징 공간을 '구부리는' 비활성의 현존이 아니라 오히려 이러한 간극과 모순의 효과다."132) 이 효과는 상징계에 의해 실재계가 이전과 이후로 나뉨으로써 현실과 실재계 사이에 존재하게 되는 차이와 같은데, 이로부터 지젝은 "실재계가 상징계 바깥에 있는 것이 아님," "실재계는 상징계 자체, 즉 '전부가 아님'의 양태로 존재하는 상징계"133)

---

130) 같은 책, 108.

131) 같은 책, 105.

132) 여기서 사용되는 실재계, 현실, 상징계는 모두 라캉의 용어들이다. 라캉에 의하면 실재계는 상징계에 의해 문자 이전의 선상징적 실재, 그래서 인식불가능한 전적으로 가정적인 실재와 문자 이후의 실재, 즉 상징화가 진행되는 가운데 줄어든 실재계의 잔여물로서 상징계 자체의 요소들 사이의 관계에 기인한 곤궁들과 불가능성들인 실재계로 나누어진다: 핑크, 『라캉의 주체』, 66-67 참조.

133) 지젝, 『죽은 신을 위하여』, 115.

라는 주장을 이끌어낸다.

지젝은 여기서 한 걸음 더 내딛기 위해 뉴런에 가해지는 전기·화학적 자극에 의한 조작은 뇌가 직접 경험하여 해석하는 현실보다 더 진짜 같은 감정을 불러일으킬 수 있다는 신경과학적 사례를 검토한다.134) 뉴런이라는 사물, 곧 실재계는 현실보다 더 현실 같은 가상성의 사례라는 것이다. 그렇다면, 실재계에로의 통로를 가로막고 있는 장애물은 실재계 자신이다. "사물에 직접 다가가지 못하게 막는 그것이 바로 사물 자체"135)다. 이것은 지젝이 이해하는바 그리스도 이후 신이 자신의 간극 자체가 되었다는 기독교적 핵심과 연결된다. 결국, "그리스도는 사물 자체"136)에 다름 아니라는 것이다. 이제 그리스도는 사물에 도달한 과정을 사물과 함께 거슬러 올라갈 수 있게 되었다. 그리스도는 사물 자체이며, 그래서 사물 자신의 장애물이며, 그렇기에 실재계와 실재계 사이의 차이이며, 그래서 하나의 보편적 단독자이며, 그렇기에 뺄셈의 과정이다.

그리스도는 실재계의 반복인 셈인데, 지젝이 보기에 이것이 바울 신학의 핵심이다. 달리 말해 그리스도를 사물의 반복이라고 할 수 있다면, 아담의 반복이라고 말하는 것은 훨씬 인간적이지

---

134) 같은 책, 125.
135) 같은 책, 127.
136) 같은 책, 131.

않은가. "그리스도는 아담을 구원하는 아담의 반복이다. 아담은 죽었지만, 그리스도는 부활했다. 따라서 그리스도는 마지막 아담이다."137) 이는 타락이 곧 [자체로 이미, 타락으로 오인하는] 구원이라는 말과 같다. "구원은… 타락 자체 속에서 구원을 인식하는 것이다."138) 지젝의 이러한 비약은 타락에서 구원에로의 이행 과정을 생략한 결과로, 이 이행은 지젝에 따르면 바울이 "그리스도가 법을 완성했다고 말하는"139) 것에서 마찬가지로 발견할 수 있다. 이 이행은 바로 케노시스적 이행인데, 보편성이 부정성의 운동을 통해서 스스로에게 거리 두기(분열)를 시행하고, 그 시행의 결과로 특수한 항으로 축소되면서 구체성을 획득하는 과정과 다름 아니다(구체적 보편성).140)

---

137) 같은 책, 133.

138) 같은 책, 141. 구원과 타락의 동일성에 관해서는 같은 책, 191-192 참조.

139) 같은 책, 142; 엄밀하게 말해서, 바울은 그리스도가 율법의 $\tau\acute{\epsilon}\lambda o\varsigma$(cesation, conclusion)라고 말한다(롬 10:4). 바울은 그리스도가 율법을 완성했다고 말하지 않는다. 그리스도 자신이 율법의 최종적인 휴지, 또는 종료라고 말한다. 따라서 그리스도는, 지젝 자신의 용어를 빌어 말하자면 "사라지는 매개자(the vanishing mediator)"(지젝 · 밀뱅크, 『예수는 괴물이다』, 30; 지젝, 『시차적 관점』, 359, 812. 참조)라는 관점에서 이해하는 것이 더 적절할 수 있다. '사라지는 매개자'는 분열의 계기 속에서 이전 것의 파국(the break)과 함께 사라짐으로써 새 것의 자리를 예비한다. 어쩌면, 그리스도는 진정으로 실패한 '사라지는 매개자'인지도 모른다(지젝, 『죽은 신을 위하여』, 146. 참조). 바울의 선언과 달리, [율]법은 아직도 건재하다. 따라서 '사라지는 매개자'는 여전히 요청된다. 그리스도는 최종적인 '사라지는 매개자'가 아니라, '사라지는 매개자'의 첫 열매(고전 15:20)라고 할 수 있다.

그렇다면, 이러한 이행에 포함된 부정성의 운동은 인간-주체, 나아가 사물-주체의 잠재력을 설명한다. 이 잠재력은 "하나의 해체적인 힘, 즉 모든 부분적 내용 그 자체를 허물어버리는 부정적 중력장"141)으로서 부정의 연쇄만을 형식적으로 반복하는 것이 아니라, 구체적인 현실로 작용한다. 이 현실은 하나의 처절함이다. 그것은 '약함'(고후 12:10)으로만 나타나는 강함인데, "신에게서 분리되는 무한한 고통을 경험하지 않고서는"142) 경험할 수 없다.

신과의 분리가 현실을 압도하는 고통으로 들이닥치는 순간을 사유하려는 지젝에게서 논의의 지점은 상징계 이전의 실재계가 아니라 상징계 이후의 실재계와 현실 사이의 변증법적 긴장의 지점이다. 이 지점에서 대상-원인은 늘 잔여물로 남아있고, 그로 인해 발생하는 해소할 수 없는 차이는 그 어느 극단에도 속하지 않는 구체적인 실존일 수밖에 없다. 실존에 대한 지젝의 이러한 접근은 아감벤이 말하는 '부정의 부정,' 또는 '제3항의 존재'를 비판적으로 수용하게 만든다.

지젝은 이 제3항의 존재를 사이-존재(in-betweenness)로 사유

---

140) 지젝의 구체적 보편성은 "문화적 차이들을 가진 항목들의 공통점을 통해서 설정되는 추상적 보편성"(김덕기, "최근 철학계의 성 바울의 보편성 논의와 그 비판적 평가," 「해석학연구」 23[2009.3], 203)과의 구별 속에서 제안된다.

141) 핀켈데, 『바울의 정치적 종말론』, 126.

142) 지젝, 『죽은 신을 위하여』, 149.

하기도 하는데, 이것은 배제된 교집합,[143] 따라서 자기 자신과의 차이 안쪽으로부터 발생하는 것이면서도 그 어디에도 속하지 않는 제3의 부분집합이기도 하다. 바디우의 용어로 말하자면 지젝은 이 제3항의 존재를 보편적 단독성과 관련시킴과 동시에 현시는 물론 재현과도 관련된다고 봄으로써 바디우의 존재론을 수정한다. 이러한 수정은 아감벤의 제3항의 존재, 즉 잔여의 지위를 재설정함으로써 그가 보기에 "순수하게 형식적인"[144] 아감벤의 메시아적 삶의 구조를 비판하는 수단으로 사용된다. 즉, 잔여는 내용 없는 무한한 분할의 운동이기만 한 것이 아니라, 그것 자체가 보편적 단독자라는 것이다.[145] 바울의 보편성은 형식적 분할로서 말 못하는 보편성이 아니라 "특정한 내용 전체를 가로지르는 급진적 분할"[146]로서의 보편성이라는 것이다. 다시 말해 아감벤

---

143) Žižek, *The Puppet and the Dwarf*, 59: 지젝은 in-between을 the excluded intersection이라고 설명하고 있지만, 한글 번역서는 이를 단순히 '교집합'(intersection)이라고만 번역하여 '사이-존재'에 대한 오해를 야기한다(지젝, 『죽은 신을 위하여』, 98). 사이-존재는 변증법적 관계의 안쪽에 존재하는 제3항이면서 동시에 그 어디에도 속하지 않는 교집합이다. 신학적으로는, 그리스도가 바로 이러한 사이-존재로서, 그리스도는 신 자신 속에 있는 간극, "신 자신의 분열"(같은 책, 202)이라는 점에서 신 안쪽에서 더 이상 그 신이 아닌 제3항, 예외이자 잔여인 사이-존재다.

144) 같은 책, 175, 181.

145) 같은 책, 177.

146) 같은 책, 178.

이 이중부정의 변증법을 통해서 말하고자 했던 것은 바디우가 반변증법을 통해서 도달하고자 했던 목표와 다르지 않다는 것이다. 그것은 말하자면 "진정한 민주적 주체"[147]로서의 잔여다. 포함된 배제 자체가 전체의 전체임이 불가능함을 드러내며 보편성을 현시하는, 그러나 그 현시는 단지 새로움이기만 한 것이 아니라, 과잉을 통해 그 전체 속에 재각인되는 것이다. 따라서 주체는 투사로서, 자기 자신과의 거리 두기를 통해 세계를 내파하는 잠재력을 갖는다.[148]

이러한 주체는 지젝 특유의 유물론적 케노시스, 그 위상에 있어서 역전된 케노시스와 다시 연결된다. "불완전함이 완전함보다 어느 정도 우위에 있다는 것이다."[149] 바울의 '아무것도 아닌 것들'(고전 1:28)은 에로스적 상승운동의 역전이자 동일시로서의 아가페 사랑을 감행할 수 있는 진정한 주체로서 등극한다. 이 사랑은 지젝이 보기에 아감벤이 멈추어 선 지점, 예외가 포함된 배제로서 다시 [율]법과 변증법적 긴장에 놓이는 지점을 횡단하여 "전부가 아님"(non-All)[150]에 도달한다. 그래서 지젝에게 진정한 기

---

147) 같은 책, 177.

148) 지젝이 말하는 주체의 이러한 성격에 핀켈데는 "주체의 파국적 잠재력"이라 이름 붙인다. 핀켈데, 『바울의 정치적 종말론』, 122.

149) 지젝, 『죽은 신을 위하여』, 186.

150) 같은 책, 188.

독교의 사랑은 최소한의 존엄도 보존할 수 없는 희생자들, "상황의 공포가 비극의 범위를 넘어서는 영역"에 처한 존재들, 그래서 "비극적 주인공으로서의 인간"이 아니라 전부가 아님에 도달한 아무것도 아닌 것들, 곧 "비참한 피조물에 대한" 비참한 피조물의 사랑이다.151)

또한 이러한 주체의 사랑은, 지젝이 바디우에 반대하여 분열의 경계를 부활이 아닌 죽음에 위치시킴에 따라, 그리스도의 죽음에서 비롯된 진정한 희생과 관련된다. "사랑은 일상을 산산이 부순다."152) 이러한 파괴적인 폭력이 없이 사랑은 불가능하며, 그래서 사랑은 "다른 모든 대상을 희생함으로써 하나의 대상을 특권화하려"153) 한다. 죽음과 부활의 변증법적 관계 속에서 사유되는 지젝의 주체는 필연적으로 희생과 사랑의 변증법에 도달할 수밖에 없었다. 이것이 보편적 단독자로서의 잔여가 블랙홀처럼 끊임없이 모든 예외를 다시 포섭하려는 현실의 폭력에 맞서는 투사적 실천이다.

---

151) 지젝, 『시차적 관점』, 225.

152) 같은 책, 183.

153) 같은 책, 56-57.

4. 비교분석: 바울 해석 논쟁의 수렴 — 주체

이 세 명의 철학자들 사이에서 바울 해석 논쟁의 포문을 처음 연 것은 아감벤이었다. 그런데 사실 아감벤의 문제 제기는 바울 해석 자체보다는 바디우의 집합론적 존재론이라는 더 큰 철학적 전제에 기인한다. 아감벤이 가장 먼저 문제로 삼은 것은 바디우가 존재의 유형을 정상성, 단독성, 돌출의 셋으로 구분한다는 점이었다. 바디우라면 주권적 예외를 단독성으로 설명하겠지만, 그는 주권적 예외가 "재현불가능한 것으로 재현되는"[154] 것이기 때문에 단독성과 돌출 사이의 비식별역에 존재하게 된다고 비판한다. 따라서 예외란 모든 구별 가능성을 위기에 빠뜨리는 것이지 어떤 존재의 유형으로 포섭할 수 있는 것이 아니라는 것이다. 따라서 아감벤은 바디우의 사건적 단절도 수정하고자 한다. 단절하는 것은 이전의 결합이 아니라 단절 자체라는 것이다.[155] 단절은 언제나 단절의 단절인 것이지 결합의 해소가 아니라는 것, 따라서 단절의 연쇄 속에서 산출하는 운동만이 있다는 것이 아감벤의 주장이라 할 수 있다.

바디우가 바울을 보편주의를 정초한 이로 해석하는 것에 대해

---

154) 아감벤, 『호모 사케르』, 71.

155) 같은 책, 189.

아감벤이 비판한 것은 이러한 존재론적 이해의 연장이다. 그가 아펠레스의 메시아적 절단을 설명하는 대목에서 바디우의 보편주의를 비판한 것은 우연이 아니다.156) 아감벤이 직접적으로 문제 삼은 바디우의 문장은 다음과 같다. "바울은 어떻게 보편적인 사유가 세계에 퍼져 있는 타자성들… 로부터 **동일성과 평등**… 을 **산출하는가**를 세세하게 보여준다."157) 이 문장은 명백하게 '동일성의 산출로서의 보편적인 것'을 말하고 있는데, 아감벤은 바울의 잔여란 모든 동일성과 동일성 자신 사이에 놓여있는 것이기에 동일성의 산출은 불가능하고, 따라서 보편적인 것이 될 수 없다고 비판한다.158) 평등에 관해서도, 평등에 도달하기 위한 필수적인 관문으로서 바울의 보편주의는 "차이들을 관용하는 무관심"159)을 통해 차이들을 초월할 수 있다는 바디우의 이해에 반대하여, 아감벤은 초월적인 원리(transcendent principle)로서의 보편성은 없으며, 있다면 초험적인 것(the transcendental)으로서 분할을 분할하는 조작만이 있다고 응수한다.160)

---

156) Agamben, *The Time that Remains*, 51-53.

157) 바디우, 『사도 바울』, 201-211. (고딕체는 원문에 의한 것임)

158) Agamben, *The Time that Remains*, 52.

159) 바디우, 『사도 바울』, 192.

160) 따라서 아감벤이 바디우에게서 본 것은 충분하게 완결되지 못한 내재성 내지 잠재성의 철학이다. 그는 바디우가 내재적 가능성의 출처를 정확하게 짚지 않고 초월이라는 통찰 불가능성의 영역으로 미루어두고 있다는 점에서 바디

진리의 보편성에 대한 바디우와 아감벤 간의 상이한 태도는 바울 해석에 있어서도 선명한 차이를 보이는 경우가 있는데, 중요한 세 가지를 뽑자면 다음과 같다. 첫째, 바디우는 바울에게서 반변증법적 사유양식을 보지만, 아감벤은 이중부정의 변증법적 사유양식을 본다. 바디우의 바울은 '~이 아니라 ~임'이라는 형식으로 자기 자신과의 결별을 선언하는 내적 단절의 연쇄로서 사건적 진리에 충실한 보편적 단독자가 된다. 반면 아감벤의 바울은 '마치 ~ 아닌 것처럼'이라는 형식으로 자기 자신과의 무한한 차이에 놓임으로써 종말 이전의 삶 속에서 종말을 준비한다. 바디우는 종결 이후의 의미 생산에 관심한다면, 아감벤은 종결 직전의 의미 생산에 관심한다고 할 수 있다.

첫째에서 드러나는 차이의 연장으로서 둘째, 바디우는 바울에게서 과거와 현재의 단절을 본다면, 아감벤은 바울에게서 과거와 현재의 수축을 본다.[161] 바디우는 바울의 그리스도 체험이 과거와는 아무런 관련이 없는 순수하게 지금의 사건이라고 본다. 반면 아감벤은 지금의 사건이 과거와의 연속성 없이 순수한 현재로서만 도래할 수는 없다고 본다. 바디우에게 "'기억'은 어떤 문제도 해결하지 않는다."[162] 바디우가 말하는 바울의 반철학은 비존재자

우를 비판하고 있다. 김용규, "주체와 윤리적 지평: 바디우와 아감벤의 '바울론'을 중심으로," 「새한영어영문학」 51.3 (2009.8), 111-112 참조.

161) Agamben, *The Time that Remains*, 78.

들(nothings)이 존재한다고 간주했던 것들을 폐기하는 사건, 전적으로 새로운 시작으로서의 사건을 선언한다.163) 하지만 아감벤에게 기억은 "구원의 예비이자 예기"로서 "어떤 의미에서는 과거가 다시 가능하게 되는" 통로다.164) 아감벤에게 바울의 변증법적 철학은 과거를 잊음과 과거로부터의 출발이 이중의 긴장 속에 중첩되도록 함으로써 바울로 하여금 완료 불가능한 메시아적 소명으로 인도한다.

셋째, 바디우의 진리를 향한 투사로서의 주체는 확실성(*pistis*)과 충실성이 지탱하는 지속과 관련되는 반면 아감벤의 메시아적 주체는 지속과는 아무 관련이 없다. 바디우는 "바울에게 자기 정체성을 매개시켜주는 것은 보편성"165)이라고 말한다. 이 보편성으로 인해 진리 사건의 주체는 자기의 지속을 지탱할 수 있다는 것이다. 하지만 아감벤에겐 바울의 주체를 이해하기 위해 지속이라는 단어를 사용할 여지가 없었다. 혹여 그가 이 단어 '지속'을 사용하는 경우가 있다면, 그것은 벌거벗은 생명, 살 가치가 없는 것으로 내몰린 생명의 '지속' 가능성이 과연 가치가 있는가를 논하는 빈딩(Karl Binding)의 낯 뜨거운 글을 개탄하며 인용할 때뿐이

---

163) 바디우, 『사도 바울』, 89.

163) 같은 책, 94 참조.

164) Agamben, *The Time that Remains*, 77.

165) 바디우, 『사도 바울』, 186.

다.166)

　바디우와 아감벤의 명백한 차이에도 불구하고, 바디우는 아감
벤과 자신이 어떤 면에서는 서로 모순관계에 있지 않을 수도 있다
는 취지의 말을 한다. 아감벤의 견해에 대해 바디우가 응답한 것
은 아감벤이 2000년에 『남은 시간』에서 보편주의에 대한 비판적
의견을 피력한 후 5년이 지난 2005년의 한 인터뷰에서였다. 여기
서 바디우는 분할과 보편주의가 반드시 모순 관계에 있는 것은 아
니라고 말한다. 바울에게서 분할과 보편주의는 서로 영향을 주고
받는 관계로 나타난다는 것이다.167) 그는 자신이 제안한 보편주
의는 무한하고 열려있는 내밀한(intimate) 분할, 주체 자신의 내적
분할의 형식을 취하는 보편주의라고 말한다. 동시에 이러한 분할
은 닫힌 분할이 되어 분할에 대립하는 보편주의로 전화할 위험이
있음을 자신도 충분히 인지하고 있지만, 그렇다고 분할과 보편주
의 사이에 순전히 대립만 있는 것은 아님을 강조한다.168) 하지만
바디우의 이러한 응답이 자신과 아감벤과의 거리를 좁힐 수 있는
충분한 대답은 될 수 없을 것 같다. 다만 바디우는 자신이 바울에

---

166) 아감벤, 『호모 사케르』, 266-267 참조.

167) Alain Badiou, "An Interview with Alain Badiou: Universal Truths and the
　　Question of Religion," *Journal of Philosophy & Scripture* 3.1 (Fall 2005),
　　39.

168) 같은 책, 40.

게서 발견하는 보편주의가 무한한 내적 분열의 과정을 수반한다는 사실을 부연함으로써 단순히 옛것과 새것의 단절과 분열을 더 강조했던 자신의 이전 해석을 더 정교하게 하고자 시도했을 뿐이다. 즉, 은총적 사건의 도래는 무한한 자기 분열의 과정으로서 열린 보편주의에로 수렴해 들어간다.

오히려 바디우와 아감벤의 화해는 지젝의 바울에게서 이루어진다. 이미 이 글의 첫 장에서 보았듯이, 지젝은 잔여 또는 메시아적 차원(아감벤의 바울 해석)이 보편성 자신의 실제적 현존을 획득하게 해주는 보편적 단독자(바디우의 바울 해석)라고 함으로써 아감벤과 바디우의 이질적일 것 같은 두 용어를 연결한다.169) 달리 말해, 분할의 분할(아감벤)은 분할 불가능한 잔여를 사회 체제 속으로 들여오는 것이자 새로운 보편성(바디우)을 발명하는 유일한 방법이기도 하다는 말이다. 그러나 모든 진정한 화해가 그렇듯 이 화해를 달성하기 위해 지젝은 바디우의 생각과 아감벤의 생각 모두에게 양보와 수정을 요구한다.

우선 지젝은 바디우의 진리 공정이 바디우 자신이 말하는 "은총의 유물론"170)이나 "보편주의의 물질성"171)에 충실하지 못한

---

169) 지젝, 『죽은 신을 위하여』, 176-177. 참조; 핀켈데, 『바울의 정치적 종말론』, 108-109 참조.

170) 바디우, 『사도 바울』, 157.

171) 같은 책, 177.

것은 아니냐고 비판한다. 다시 말해 바디우에게 종교적 이데올로기는 다섯 번째 진리 공정의 자리를 차지하고 있는 것은 아니냐는 것이다.172) 바디우가 진리의 첫 번째 사건적 성격으로 제시했던 명제, "기독교적 주체는 그가 선언하는 사건(그리스도의 부활)보다 먼저 존재하지 않는다"는 말은 그가 그리려는 은총의 유물론에서 사건의 우연성이 하나의 원리로 제시되고 있다173)는 사실과 맞물려 지젝의 비판에 신빙성을 더한다. 바디우에게 진리 사건의 주체는 그 개시에 있어서는 원리적으로 수동적이다. 그것이 능동성을 획득하는 것은 사건 이후의 계기에서만 가능하다. 이 주체는 사건의 단절하는 성격을 기반으로 하는데, 사건의 단절적 성격이 은총과 우연성의 결합으로만 설명 가능하다면, 결국 우연성이 갖는 유물론적 함의가 난감하게도 은총의 종교적 이데올로기를 요구하고 있는 것은 아닌가?

이러한 지젝의 의구심은 바울이 반변증법 사상가라는 바디우의 해석과 기독교적 경험과 변증법적 유물론이 얽혀있다고 보는 지젝의 해석이 충돌하는 또 하나의 지점을 확보한다. 그것은 기독교적 주체가 출현하는 지점을 어디에 설정할 것이냐의 문제다. 바디우에게 이 지점은 그리스도의 부활이다. "… 바울 본인에게도

---

172) 지젝, 『까다로운 주체』, 233-234 참조.
173) 바디우, 『사도 바울』, 158.

사건은 죽음이 아니라 부활이다."[174] 바디우에게 죽음과 부활은 반변증법적 단절과 분열로 쪼개진다. 그리고 그 분열의 시작은 부활에 있다. 반면에, 지젝에게 바울의 혁명적 주체는 "그리스도의 죽음으로부터"[175] 이해되어야 한다. 죽음과 부활은 역설적이게도 이중부정의 변증법을 통해 이어져 있다. 이 차이가 두 철학자의 공백 개념과 주체 개념의 상이함으로 귀결한다는 점을 도미니크 핀켈데(Dominik Finkelde)는 명쾌하게 보여준다. 바디우는 공백을 상징적 질서 외부의 예외로 보고 이 예외가 순전히 우연하게 상징적 질서 내부로 국소화하는 것을 사건이라고 본다. 따라서 바디우의 주체는 "이 장소를 차지하고 그 공백을 점거하여 새로운 진리를 '무로부터'(ex nihilo) 정립하는 것"[176]이 된다. 반면 지젝에겐 공백이 상징적 질서 자체와 동일하다.[177] 따라서 주체는 상징적 질서로부터 분열하는 것이 아니라, 자기 자신과 갈라지며 "영원히 자기를 따라잡으려 하는 것이다."[178] 이로 인해 지젝의

---

174) 같은 책, 129.

175) 핀켈데, 『바울의 정치적 종말론』, 111; 슬라보예 지젝, 『죽은 신을 위하여』, 167-168 참조.

176) 핀켈데, 『바울의 정치적 종말론』, 112.

177) Žižek, *The Puppet and the Dwarf*, 143: "사물에서 기호로의 운동은… 사물 자체가 (다른 사물의 기호가 아니라) **자기 자신의**, 즉 그 핵심에 있는 공백의 기호가 되는 운동이다." (원문의 이텔릭체를 고딕체로 표기하였음.)

178) 핀켈데, 『바울의 정치적 종말론』, 112.

주체가 실천하는 "윤리적 행위는 자신의 고유한 상징적 질서를 정립하고 자신의 고유한 정당성의 조건들을 확정한다."[179] 지젝에겐 상징적 질서로부터 초연한 주체는 불가능하다. 오히려 지젝의 주체는 상징적 질서 위를 뒹굴면서 부단히 자신을 변혁해가는 주체, 그로 인해 상징적 질서에 빈틈을 만들어내고, 그러한 빈틈 자체를 하나의 진리로 정립해가는 주체만이 있을 뿐이다.

지젝이 바울에게서 보는 주체의 구체성은 아감벤의 바울 해석을 비판적으로 수용하는 계기이기도 하다. 그렇다고 지젝이 아감벤의 이중부정의 변증법 자체를 승인하지 않는 것은 아니다. 오히려 적극적으로 환영한다. 다만 그가 보기에 아감벤의 이중부정의 변증법은 "메시아적 경험의 순수한 형식적 구조"[180]에 멈추어서고 말았다는 점에서 이 변증법을 전적으로 승인하긴 어려웠다. 지젝이 기독교의 핵심을 그리스도가 아담의 역설적 '반복'이라고 말할 때 떠올린 것은 분명 주체 자신의 구체적인 분열이었을 것이다. 하지만 그가 보기에 아감벤은 주체의 구체성을 배제한 채 분할의 분할이라는 형식 자체가 갖는 유보적인 성격, 즉 '지양'(Aufhebung)에 멈추어서고 만다. 이에 대해 지젝은 단호하다. "시도 바울의 보편성은 말 못 하는 보편성(특정한 내용 없이 자체로는 비어 있는 중립적

---

179) 같은 책, 113.

180) 지젝, 『죽은 신을 위하여』, 175.

그릇)이 아니라 투쟁하는 보편성이다."181) 지젝에게 배제당하는 이로서의 잔여는 상징적 질서 한가운데 자리한 공백의 현시로서 특정한 차이를 갖지 않는다는 점에서 절대적이고 순수한 차이를 상징한다. 따라서 잔여는 하나의 보편성인데, 이 보편성은 특정한 차이들로 구성된 기존의 세계 질서(추상적 보편성) 앞에서 침묵하는 것이 아니라, 그러한 질서에 대립하는 보편성으로서 투쟁하는 구체적 주체라는 것이다.

최종적으로, 지젝이 이해하는 바울의 구체적 주체는 그 스스로가 공백의 전복성에 관여하는 주체이므로, 바디우의 사건 이후의 주체와 달리 사건의 주체이기도 하다. "사건을 만드는 주체의 결단 없이는 사건도 없다."182) 그렇다고 해도 지젝이 바디우에게서 아주 멀어지고 있는 것은 아니다. 지젝은 진리 사건이 시간의 지속이나 수축과 관련된 것은 아니라는 점에서 아감벤과 결별하고는 바디우와 견해를 같이 하고자 한다. "진정한 혁명은, 언제나 절대적 '현재'—'지금'이라는 무조건적 시급함— 속에서 발생한다."183) 사건과 주체의 관계에 있어서도 아감벤과 지젝을 종합하려는 지젝의 의도가 엿보인다. 그에 의하면, 자기 분열하는 변증법적 주체(아감벤)는 이전과의 단절을 야기하는 사건(바디우)의 주

---

181) 같은 책, 177.

182) 같은 책, 218.

183) 같은 책.

체이기도 하다.

하지만 메시아적 사건을 과거와 현재의 수축으로 설명하는 아감벤을 비판하는 지젝의 시각이 정당한가는 다시 생각해 봐야 한다. 지젝의 이 비판에서는 마치 아감벤에게는 그 어떤 주체도 없이 그저 객관적 모순의 응축된 결과인 사건을 객관적으로 분석하기만 한다는 뉘앙스가 있다.184) 아감벤의 바울 이해가 어떤 구체적 내용이 단절하는 계기 없이 작동중지나 지양의 무한반복으로 이어진다는 판단의 연장에서, 지젝은 아감벤 식의 시간의 수축이 "사건을 현실적인 역사의 흐름 속에 재각인시키는"185) 행위에 불과하다고, 실제로는 사건 자체를 불가능하게 만들고 만다고 비판하고 있는 것이다. 세계의 상징적 질서를 그대로 둔 채 매 계기마다 변혁이 가능할 수는 없다는 지젝의 염려에는 일리가 있다. 하지만 아감벤의 원래 의도는 지젝의 목표와 그리 멀지 않다. 아감벤은 명시적으로 바울이 "지금의 시간"(ho nyn kairos)이라고 정의한 시간의 의미와 내적 형식을 이해하고자 한다고 밝히고 있다.186) 아감벤이 바울로부터 배우려고 하는 시간은 지금 자체의

---

184) 같은 책.

185) 같은 책.

186) Agamben, *The Time that Remains*, 2: "지금의 시간"에 대한 아이디어는 발터 벤야민(Walter Benjamin)에게서 얻은 것이기도 하다: 발터 벤야민/최성만 옮김, 『발터 벤야민 선집 5: 역사의 개념에 대하여 | 폭력비판을 위하여 | 초현실주의 외』 (서울: 도서출판 길, 2015), 345 참조. 이 동일한 개념을 아감

내적 간격이며, 그가 이 간격을 지탱하는 것으로 발견한 것은 어디까지나 비균질한 시간들의 수축이다. 그러므로 그가 과거와 현재의 지위를 동일하게 보고 있다는 증거는 어디에도 없다. 오히려 그는 '지금'이라는 견지에서 과거와 현재의 수축을 말하고 있다고 봐야 한다. 더욱이 그는 이 수축을 지금의 주체적 활동으로서의 기억과 관련시킨다는 점에서[187] 주체가 배제된 형식에 대해서 말하고 있다고 단정할 수도 없다. 그렇다면 차라리 기억을 단지 순수한 과거의 재현처럼 읽으려는 바디우의 견해를 변증법적 입장에서 비판하며 사건의 주체를 옹호하기 위한 좋은 수단으로 기억에 관한 아감벤의 견해를 사용하는 것이 지젝에겐 더욱 좋았을 것이다.

이상의 논의를 바탕으로, 바디우, 아감벤, 지젝 각각이 바울에게서 찾아낸 주체의 형상을 파동과 점의 두 가지 사이에서 은유적으로 상상해 볼 수 있다. 바디우의 경우, 상상적 질서로 진입한 국소적 점인 사건으로부터 뻗어 나와 시간축을 따라 진행하는 점을 진리 사건의 주체로 볼 수 있다. 아감벤의 경우에는 진리 사건의 주체를 파국에 이르기 직전 시간의 끝부분에서 진동하고 있는 파동으로 생각해 볼 수 있다. 지젝의 경우에는 빅뱅 직후의 우주처

벤과 지젝이 각자 참조하면서도, 서로에게서 다른 해석을 발견하려 한다는 것은 또 하나의 아이러니이기도 하다.

187) 같은 책, 77-78 참조.

럼 미세한 질(quality) 안에서 확률적 양자요동(quantum fluctua-tion)으로 출렁이는 질−우주─이 우주는 시간축을 따라 자라날 것이다─를 진리 사건의 주체로 상상할 수 있다.

이러한 상상은 이 세 명의 철학자들에게 적어도 하나의 공통점이 있음을 발견하기 용이하게 한다. 그리하여, 김용규가 바디우와 아감벤을 비교하면서 발견한 공통점을 우리는 지젝까지 포함해서 말할 수 있다. 이들은 "… 모두 초월의 철학자가 아니라 내재성의 철학자들이다."188) 하지만 여기서 한 걸음 더 내딛을 필요가 있는데, 이들은 단지 세계의 안쪽을 사유하기만 하는 철학자들이 아니라, 이 안쪽에서 가능성을 길어내기 위해 필사적으로 몸부림치며 사유를 감행하는 잠재성의 철학자들이기도 하다.

이들 모두가 잠재성의 철학자들인 한, 세계 안쪽에서 출현하는 주체가 불가능하다는 생각을 이들에게서 찾는 것은 하나의 오독이다. 특히, 주체의 불가능성이라는 주제로 아감벤을 비판할 수도 없다. 이런 점에서 차이−철학의 전통을 반대하는 입장에서 주체와 보편성을 강조하는 바디우와 지젝을 한편으로 놓고, 그 반대편에 차이−철학의 전통에 서서 주체와 보편성의 불가능성을 강조하는 아감벤을 놓는 핀켈데189)나, 혹은 단절이 아닌 상황의 중지

---

188) 김용규, "주체와 윤리적 지평," 111; 핀켈데, 『바울의 정치적 종말론』, 13 참조.
189) 같은 책, 14-15, 65 참조.

를 강조하는 아감벤에겐 "주체와 민중이 여전히 객체로만 존재할 뿐 주체적 힘으로 인식되지 않을 가능성"190)이 여전히 있다는 김용규의 견해 그리고 "아감벤의 이론은 순수히 부정적 비판에만 머물러 있"기에 "… 잠재적인 실천적 가능성을 제공하지 못한다는"191) 네그리(Antonio Negri)의 반박은 재고해야 할 필요가 있다. 이들은 모두 아감벤이 구사하는 이중부정의 변증법과 그 결과로 분할의 분할이 야기하는 제3항의 존재가 이중부정률을 위배하며 출현한다는 점을 충분히 인지하고 있지 못한 듯하다. 다시 말해 분할의 분할은 비가역적 과정이며 그 자체로 새로운 주체가 탄생하는 과정이기도 하다. 다만, 이 주체는 자기 동일성을 통해서 자신을 확인하는 것이 아니라, 그러한 동일성의 불가능성을 확인함으로써 지금의 시간에서 이행을 이룩한다. 이들은 아감벤의 이러한 변증법적 주체 이해를 자신의 진리 주체 해석에 접목한 지젝을 조금 더 참조할 필요가 있다.

---

190) 김용규, "주체와 윤리적 지평," 112.

191) Cesare Casarino and Antonio Negri, *In Praise of the Common: A Conversation on Philosophy and Politics* (Minneapolis: University of Minnesota Press, 2008), 154-157; 김용규, "주체와 윤리적 지평," 112.에서 재인용.

IV.

주체의 지속

1. 오독에서 화해로

주체의 문제와 관련해서, 오독의 사례 네 가지를 살펴보고자
한다. 첫 번째는 아감벤의 주체에 대한 오독이다. 두 번째는 바디
우와 지젝의 주체에 대한 오독이다. 세 번째는 이들의 주체에 사
용된 개념들을 설명 없이 혼용하거나 잘못된 번역이 그대로 유통
되면서 발생하는 오독이다. 마지막 네 번째는 바디우와 아감벤이
바울에게서 서로 다른 주체 이해를 하는 이유의 원인을 서양 철학
사의 유형론에 대입하려는 집착에서 발생한 오독이다. 이 네 오독
을 통해 우리는 이 각각의 잠재성의 철학이 추구하는 주체들이 무
엇인가에 대한 이해를 조금 더, 때로는 포괄해가며, 증진할 수
있다.

서동욱은 inoperativity와 inactivity 사이의 차이를 명확하게 구분하지 않고 카타르게시스 개념을 이해하고 있다.[1] 하지만 작동하지 않음으로써 효력이 발생하지 않는 것은 단순히 아무것도 하지 않는 것과는 다른 것이다. 아감벤은 이 둘을 명확하게 구분하고 있다. 기드온 베이커(Gideon Baker) 또한 inoperativity를 inactivity와 구분해서 이해해야 한다는 점을 지적한다. 그에 의하면, "inoperativity는 무위(inactivity)나 관성(inertia)이나 휴지(rest)가 아닌 활성적으로 비활성화시키는(actively deactivate) 메시아적 '프락시스'(praxis)다."[2] 행함(爲)에도 불구하고 행함의 효력은 정지되는 상태 ― 그래서 아감벤의 분할하는 주체에게는 잠시의 단절도 있을 수 없다.

한편, 김덕기는 바디우와 지젝의 보편적 주체가 "자기 동일성을 확립하는 정치적 과정"[3]을 결여하고 있다고 비판한다. 하지만 이는 결여가 아니라 거부다. 바디우와 지젝이 구사하는 철학은 존재론적인 존재론, 즉 모든 것에 대한 설명의 철학이 아니다. 보편적 단독성, 또는 구체적 보편성을 추구하는 이들에게 보편적 추상성, 특수성 그리고 이들의 구조화로서의 상징적 질서는 단절하고

---

1) 서동욱, "행복과 메시아적 몰락," 267-268.
2) Gideon Baker, "The Revolution is Dissent: Reconciling Agamben and Badiou on Paul," *Political Theory* 41.2 (April 2013), 326.
3) 김덕기, "최근 철학계의 성 바울의 보편성 논의와 그 비판적 평가," 207.

분열해 나와야 하는 대상이지 설명하고 포함해야 할 대상이 아니다. 바디우와 지젝에게 정체성은 이러한 추상적 보편성에 포섭되어 재현되는 상징적 질서에 속한다. 그럼에도 김덕기는 동아시아 주체성이 그 정치적 정체성과 관련해서만 가능하다는 논지를 펼침으로써 "… 미국 중심 세계화를 통한 문화패권주의적 동아시아 지배와 자본주의 경제체제의 추상적 보편성 논리 자체와도 맞서 투쟁할 수 있는 동아시아 문명의 저항적 주체성 양식을 구체적으로 제안"[4]하려고 한다. 그가 이 목표를 달성하기 위해 바울의 본문들을 해석하는 방식 자체를 여기서 문제로 삼지는 않겠다. 다만, 그의 목표를 바디우 식으로 해석하여 말하자면 그가 말하는 '동아시아 문명의 저항적 주체성'은 페탱(Philippe Pétain)이 '프랑스인의 국가'라고 불렀던 것과 구분되기 어렵다는 점, 따라서 공적 영역에서 획득되는 "고유한 득특한 정치적 실재,"[5] 곧 그 "정체성의 논리"는 그 최초의 의도와 무관하게 언제든 박해와 배제의 칼날이 될 수 있다. 그가 제기한 것은 또 하나의 추상적 보편성일 뿐이기 때문이다. 제국주의적 주체성과 저항적 주체성이 서로를 대상화함으로써 정체성을 확보하는 대립항인 한, 저항적 주체성도 결국은 지배 담론이 설계한 상징적 질서에 복무하는 또 하나의 반

---

4) 같은 책, 228.
5) 바디우, 『사도 바울』, 22.

대항일 뿐이다.[6] 바디우와 지젝에게 보편적 단독자, 구체적 보편
성으로서의 주체 또는 잔여는 모든 규정성에 저항하는 투쟁적 주
체로, 그리하여 스스로의 정체성으로부터도 단절하고 분열하는
탈-정체성의 주체다.

마지막으로, 김성민의 경우에는 특별한 설명 없이 바디우의
개념어들을 아감벤과 지젝의 바울 해석에 혼용함으로써 이해의
명확함을 의심케 한다. 그는 바디우의 '돌출'(excroissance, excre-
scence)[7] 개념을 아감벤의 주체 개념에 사용한다.[8] 그러나 앞에

---

6) 신익상, "근본주의와 가난의 문제," 230-235 참조.

7) 돌출은 바디우가 『존재와 사건』에서 존재의 유형으로 개념화한 세 가지 중 하
나로, 현시되지는 않고 재현만 되는 존재, 따라서 상황(구조)의 일자는 아니지
만 상황의 상태(메타구조)의 일자인 존재를 말한다(바디우, 『존재와 사건』,
173). 이 단어의 원의미는 혹과 같이 동물이나 식물에게서 비정상적으로 성장
한 돌출물을 일컫는 말이다. 혹은 신체에 속하지 않으면서도 신체의 일부에 포
함된다는 점에서 바디우가 이 단어를 사용한 의도를 잘 드러내준다. 그는 이 돌
출 개념을 사용해서 존재론에서 공백(the void)은 필연적일 수밖에 없음을 입
증하고자 한다. 그의 존재론적 원리에 의하면 오직 다수만 현시되는 것이므로,
존재론은 현시 없는 재현인 돌출을 가질 수 없다. 즉, 돌출은 다수가 아니다. 이
에 따라 상황과 분리된 상황의 상태(돌출을 일자로 갖는 집합) 또는 메타구조
자체 역시 다수가 아니므로 분리불가능하며, 따라서 비존재다. 이러한 논리적
결과는 공백의 필연성을 요구하게 된다. 왜냐하면 순수한 메타구조는 하나의
이념 또는 공리일 뿐 존재하는 것은 아니기에, 존재의 층위에 있어서는 그것 자
체가 하나의 공집합으로 남기 때문이다. 상황의 상태는 존재의 공백을 메우기
위한 조작이지만, 역설적으로 그 자체가 하나의 공백에 열려있다(같은 책,
174-175. 참조).

8) 김성민, "사건의 공백(void)과 급진적 분할(division)의 주체 — 바디우와 아감
벤의 바울의 주체개념을 중심으로," 「시대와 철학」 25.2 (2014.6), 54-55, 58; 김

서 이미 보았듯 아감벤은 바디우의 이 개념 위에 자신의 주체 개념을 정립하려고 한 적이 없다. 그는 돌출을 지젝에게도 사용한다. 지젝이 주체와 관련해서 사용하고 있는 개념들인 과잉, 잉여, 잔여가 다름 아닌 돌출과 같다는 것이다.9) 지젝 또한 바디우의 돌출 개념을 자신의 저작에 직접 인용하거나 차용한 경우는 찾아보기 어렵다. 하지만 간접적으로는 관련성을 찾을 수 있다. 그의『죽은 신을 위하여』마지막 문장, "… 그리스도는 결국 인간에게 내재하는 이 과잉의 이름(… 본디오 빌라도가 그랬듯이 '이 사람을 보라'라는 말로밖에는 가리킬 수 없는 괴물 같은 잉여를 일컫는 이름)일 뿐인 셈이다."10)는 바디우가 그의 책『존재와 사건』에서 "국가의 초과(과잉)의 구조적 가시성"을 "괴물같이 돌출해 있는 성격"11)이라고 한 표현을 교묘하게 수정하여 사용한 것이다. 지젝은 바디우의 돌출을 잉여로 치환함으로써 돌출과 잉여, 메타구조와 공백을 이중부정의 변증법으로 융합하고 있다고 할 수 있다. 따라서 지젝의 잉여나 과잉에 바디우의 돌출을 연결한 것은 이중부정의 변증법적 일치라는 것을 명심할 때 정확한 것이다. 이로 유추하건대, 김성민의 결정적 오류는 아감벤 자신과 지젝이 해석한 아감벤을 구분

성민,『바울과 현대철학』(서울: 새물결플러스, 2018), 167.

9) 김성민, "사건의 공백과 급진적 분할의 주체," 62.

10) 지젝,『죽은 신을 위하여』, 233.

11) 바디우,『존재와 사건』, 185.

하지 못하는 데 있는 듯하다. 지젝은 아감벤과 바디우를 자유롭게 연결하지만 아감벤은 최선을 다해서 바디우와 거리를 두고자 한다. 그가 바디우는 물론 아감벤도 "새로운 보편을 논할 수 있는 불가능성의 가능성을 추구하려고 한다"[12]고 말하거나, 바디우가 언급하고 아감벤은 언급하지 않은 '찌꺼기(refuse)의 주체성'이라는 말을 돌출과 함께 아감벤의 잔여 개념과 섞어서 사용한다거나[13] 할 때 발견하는 것은 아감벤을 바디우와 함께 읽고 있는 지젝이다.

이 외에도, 그는 유독 아감벤의 본문을 오해하는 경우가 있는데,[14] 아감벤의 바울은 "비활성화된 수행불가능한 주체"[15]를 말한다고 이해하는 것이 대표적이다. 하지만 아감벤이 바울에게서 보는 주체는 비활성화라는 형식으로 활성화되는 주체이지, 수행불가능한 주체가 아니다. 이런 오독에는 inoperativity를 무위(無爲)로 해석하는 것도 한몫한다.[16] 아감벤의 확고한 생각 중 하나는 전체와 예외의 관계에 있어서 예외가 겪게 되는, 그래서 그 자

---

12) 김성민, "사건의 공백과 급진적 분할의 주체," 57-58.

13) 같은 글, 55-56.

14) 어쩌면 이러한 원인 중 하나는 아감벤의 *The Time that Remains*를 강승훈이 우리말로 번역한 『남겨진 시간』(서울: 코나투스, 2008)이 매우 많은 오역으로 점철되어 있어서, 이를 주로 참조한 김성민이 아감벤의 원 의도를 파악하기가 쉽지 않았기 때문일 수도 있다.

15) 김성민, "사건의 공백과 급진적 분할의 주체," 55.

16) 같은 글, 41, 56, 58, 60, 66.

체의 유일한 능동성(!)일 수밖에 없는 효력정지는 그 효력정지가 예외 자신에게는 효력이 되고 있다는 사실이다.

또 하나의 문제는 김성민에게 돌릴 수 있는 것이라기보다는 번역이 갖는 한계와 그 한계의 확산의 문제다. 이것은 지젝의 책 *Die Puppe und der Zwerg*를 우리말로 번역한 책 『죽은 신을 위하여』에서 발견되고, 김성민의 책 『바울과 현대철학』에서 재발견된다. 문제가 되는 번역이자 지젝의 주체 이해를 위해 중요한 문장은 다음과 같다: "사물에서 기호로의 운동은 사물을 기호로 치환하는 운동이 아니라, 사물 자체가 (다른 사물의 기호가 아니라) 자신의 기호가 되는 운동이다. 즉, 공백은 바로 운동의 핵심이다."17) 그런데 같은 문장의 영역본은 다음과 같이 되어 있다: "사물에서 기호로의 운동은 사물을 기호로 치환하는 운동이 아니라, 사물 자체가 (다른 사물의 기호가 아니라) **자기 자신의**, 즉 그 핵심에 있는 공백의, 기호가 되는 운동이다."18) 이 차이는 매우 중요한데, 지젝은 운동 일반과 공백과의 관계를 말하고 있는 것이 아니라, 사물에서 기호로의 운동, 다시 말해 사물이 자기 자신과 분열하는 운동과 관련해서 공백을 말하려고 한 것이기 때문이다. 요컨대, 지젝의

---

17) 지젝, 『죽은 신을 위하여』, 232; 김성민, 『바울과 현대철학』, 196.

18) Slavoj Žižek, The Puppet and the Dwarf, 143: "The movement from things to their signs is not that of replacement of the thing by its sign, but that of the thing itself becoming the sign of (not another thing, but) itself, the void at its very core"(원문의 이텔릭체를 고딕체로 표기하였음).

관심은 사물에서 기호로의 운동에 참여하고 있는 '그' 사물에 온통 쏠려 있다.

지젝은 물론이려니와 바디우와 아감벤 모두가 잠재성의 철학자인 까닭은, 이들이 존재 일반을 해명하려는 존재론적 존재론을 전개하는 철학자들이 아니라, 존재 일반이라는 호명 속에서 숨 막히게 흩어져 있는 주변부들, 그래서 그 존재를 확인할 수도 없는 비-존재들(in-existences)19)이 어떤 식으로든 주체로 설 수 있는 작은 한 점—그것이 사건이든 메시아적 시간이든, 이 둘의 종합으로서 공백이든—을 찾아 확보하려고 안간힘을 쓰는 투사들을 위한 철학자이기 때문이다. 이들은 '모든' 운동을 위한 철학을 하고 있는 것이 아니다. '어떤' 운동을 위한 철학을 하고 있는 것이다. 존재의 메타구조에 파묻혀 찍소리도 못 내는 주변부들을 편드는 철학 말이다. 그래서 이 오역은 매우 뼈아프다. 지젝의 가장 유물론적인 케노시스로서의 혁명적 주체를 말하는 결정적 말미에서, 이 뾰족한 철학의 송곳 끝을 뭉툭하게 갈아버리기 때문이다.

바디우와 아감벤 그리고 지젝의 바울 해석을 깊이 이해했지만, 그 깊이를 서양 철학사조의 유형론에 가두어버린 예는 핀켈데에게서 찾을 수 있다. 앞에서 이미 말한 바 있듯이, 그는 아감벤이 차이-철학 쪽에 서 있고, 지젝과 더불어 바디우는 차이-철학을

---

19) 강렬한 태양 아래 '올려다 보는 하늘'에는 무수하게 흩어져 있는 저 태양-지구 중심적 우주의 주변부들, 찬란하게 무수한 별들과 은하들이 삭제되어 있다.

반대하는 쪽에 서 있다고 본다. 이보다 일찍이 동일성-철학과 차이-철학이 대립하고 있던 것인데, 이후 서양 철학사조의 새로운 전선이 동일성-철학에 공동으로 대립하는 또 하나의 대립인 차이-철학과 차이-철학에 반대하는 철학의 대립에서 형성됐다고 보는 것이다. 이러한 이해를 전제로 핀켈데는 아감벤이 바디우의 보편주의를 동일성-철학의 보편주의와 잘 구분하지 못하고 있다고 비판하면서, 아감벤의 오해와 달리 사실 두 저자들 모두 "모든 차이들의 원 근거로서의 보편주의에 대한 고전적인 형이상학적 이해를 거부한다"[20]고 지적한다. 그러면서 바디우와 아감벤의 진정한 차이는 보편성에 대한 이해가 아니라 "주체-이해 속에서 드러난다"[21]고 말한다.

하지만 그의 이러한 설명은 절반은 맞고 절반은 틀리다. 아감벤은 바디우의 보편주의가 동일성-철학의 보편주의를 계승하고 있다고 바디우를 비판한 것이 아니다. 그의 바디우 비판은 이보다 더 본유적인데, 그는 비단 고전 형이상학적 보편주의뿐만 아니라 그 어떤 보편주의도, 심지어 바디우 자신이 말하는 사건적 주체라는 일점에서 개시되는 보편주의라도 바디우 자신의 유물론적인 존재론의 원리와 정합적이지 않다고 비판하고 있는 것이다. 이런

---

20) 핀켈데, 『바울의 정치적 종말론』, 64-65.
21) 같은 책, 65.

문제의식은 바디우가 자신의 의도와 달리 자신의 유물론적 존재론에서 종교적인 초월적 요소를 충분히 제거하지 않았다고, 아니 적극적으로 도입한 것은 아니냐고 비판하는 지적과 통하는 바가 있다. 아감벤이 바디우의 세 가지 존재 유형을 비판한 이유도 여기에 있다. 이 비판은 메타구조를 극복하기 위해 또 다른 메타구조를 제시하고 있다는 비판에 다름 아니다. 따라서 핀켈데의 언어로 말하자면 아감벤이 비판하는 지점은 바디우가 차이-철학에 반대하는 지점이 아니라, 차이-철학에 찬성하건 그렇지 않건 상관없이 동일성-철학을 극복하려는 바디우의 시도가 충분히 성공하지 못한 지점이다.

오히려, 보편주의 논쟁에 있어서 아감벤이 바디우와 벌리고 있는 간격의 성격은 정확하게 주체 이해에 있어서 두 사람이 떨어져 있는 간격의 성격과 일치한다. '분할의 분할'로서의 주체와 단절과 분열의 주체 사이에 놓인 간격, 그것은 이중부정의 변증법과 반변증법이라는 사유방식의 차이에서 벌어진 간격이다. 이 차이가 이루는 경계면은 차이-철학과 차이-철학에 반대하는 철학 사이의 차이가 이루는 경계면과 일치하지 않는다.

그렇더라도, 어쨌든 핀켈데의 주장 중 나머지 절반은 사실임이 분명하다 — 두 저자들 모두 보편주의에 대한 고전적인 형이상학적 이해를 거부한다. 이러한 목표의 일치가 이 목표를 향해 가는 방법의 차이를 결합할 수 있는 것은 아닐까? 앞에서 밝혔듯이 지젝은 부정의 부정으로 전개하는 헤겔 변증법을 바디우의 존재와 사건 개념들에 도입하여 수정함으로써 이러한 결합에 이르렀다. 그런데 지젝과는 또 다르게, 베이커는 바디우의 바울과 아감벤의 바울을 화해시키고자 시도한다. 그는 아감벤의 자기-불일치의 주체나 바디우의 혁명의 주체나 모두 서로를 필요로 하는 내적 요구가 있으며, 그 요구는 지젝의 경우와 같이 중첩으로 해결되기보다는, 계기적 충족을 통해 서로를 보완하는 방식으로 해결될 수 있다고 생각한다. 말하자면 바디우의 혁명적 주체는 진리에 의해, 진리를 위해 주중에 일한다면, 아감벤의 자기-불일치의 주체는 활성적으로 비활성화시키는 메시아적 프락시스인 작동정지를 통해 정치적인 것을 형성하는 안식일에 거한다. 그런데 주중의 활동과 주말의 안식이 어떻게 서로를 지탱한다는 것인가? 베이커의 생각을 따라가 보도록 하자.[22]

베이커는 먼저 [율]법과 은총의 관계에 있어 두 철학자의 같음과 다름을 추적한다. 같은 것은, 둘 다 [율]법이 기반하고 있는 관습적이고 고착된 정체성들을 정지시키거나 제거하려 하고, 은총에 있어 무상성이 결정적이라고 생각하며, 따라서 확립된 [율]법에 대립하는 구성적 힘을 가정함으로써 [율]법과 은총이 필연적인 긴장 관계에 있음에 주목한다는 점이다. 하지만 다른 것은, 이

---

22) Baker, "The Revolution is Dissent," 324-329.

러한 긴장을 해소하는 데 있어서 은총의 성격을 전혀 다르게 생각한다는 점인데, 바디우의 은총은 사건의 결정에 종속되는 반면 아감벤의 은총은 어떤 특수한 결정으로부터도 벗어나 있는 주체적 역량이다. 게다가 바디우에게 "사건의 의미는 주어지지 않기 때문에, 사건의 주체는 그 진리를 정밀하게 구성하려고 노동해야만 한다. 반면 아감벤에게 분명한 사실은 일하는 존재는 일을 시작하자마자 더는 은총에 머물 수 없다는 점이다."[23]

베이커가 주목하는 것은 이 둘의 차이다. 이 차이가 생산적이라고 보는 그는 아감벤과 바디우의 일치점([율]법과의 대립)을 차이의 이 생산성을 통해 완성하고자 한다. 아감벤의 메시아적 시간 속에서는 세속의 정체성이 무상으로 사용되기 위해 비결정되고 열린 상태로 여전히 남아있다. 쉼 없이 역동적으로 자기 분할하면서 말이다. 반면 바디우의 혁명적 주체에게 메시아적인 것은 일회적 사건으로 종결되고, 그 이후는 충실성에 의해 지탱되는 주체의 지속에 넘겨진다.

베이커는 이 차이를 비집고 들어가 양자의 한계를 상대방의 다름을 통해 보완할 수 있는 길을 내려고 시도한다. 그가 먼저 살피는 것은 바디우의 한계다. 그에 의하면, 바디우의 지속하는 보편적 주체는 그 지속성으로 인해 언제든 주체적 가능성이 종결될 수

---

23) 같은 글, 326.

있다는 점에서 한계를 갖는다. 하지만 베이커는 아감벤이 혁명과 봉기의 아포리아적 관계를 이중부정의 변증법을 통해 해결하고 있다는 사실에서 바디우의 한계를 봉합할 해결책을 찾는다. 이 해결책에 핵심이 되고 있는 아감벤의 생각은 새로운 제도를 현시하려는 정치적이고 사회적인 혁명과 일체의 현시로부터 자신을 소외시키려는 개인들의 봉기가 비식별역에 놓인다는 견해다.24) 봉기는 발본적으로 불일치를 추구하는데, 그 방식은 봉기하는 개인들 자신의 정체성을 규정하고 있는 기존의 제도를 파괴하는 것이 아니라, 기존의 제도는 그대로 둔 채 그 제도에 의해서 제공되는 그 자기 정체성으로부터 자신을 소외시키는 데 있다. 따라서 자기 정체성은 그 효력이 중지된 채로 여전히 '남아있다.' 베이커는 이 남아있는 정체성을 매개로 바디우의 혁명적 주체와 아감벤의 잔여-주체를 엮는다. 바디우에게서 발견되는 지속하는 주체의 안쪽에 아감벤의 봉기하는 주체를 장착하는 것이다. 이렇게 되면, 바디우의 지속하는 보편적 주체로서의 혁명적 주체는 그 지속성으로 인해 주체적 가능성이 폐기되지 않을 수 있게 되는데, 아감벤의 봉기하는 주체, 또는 잔여-주체는 정체성이 남아있다는 점에서 바디우의 지속하는 주체와 겹쳐질 수 있고, 그러면서도 그 정체성이 끊임없이 비활성화되는 자기 불일치의 운동에 놓인다는

---

24) Agamben, *The Time that Remains*, 31-33 참조.

점에서 주체적 가능성이 폐기되지 않고 늘 생성된다. 베이커가 아감벤을 다시 인용하며 지적하듯, "사회 속에 주어진 자신의 위치를 의문시하는" 것은 "혁명의 사회에서 참으로 남아있"25)다.

아감벤으로 바디우의 주체 문제를 보완했으니, 이제 나머지 절반이 남았다. 아감벤의 한계를 바디우를 통해 극복하는 일인데, 그렇다면, 아감벤의 한계는 무엇인가? 베이커는 현존하는 주체성들의 무상성과 사용이 새로운 주체의 생산에 의존적이라는 사실을 아감벤이 간과하고 있다고 주장한다.26) 한편, 바디우는 아감벤이 분할의 분할을 발견하는 그 지점, "유대인도 아니고 헬라인도 아닌" 지점, 그래서 아감벤의 메시아적 주체가 무상성과 사용이라는 특성을 보이는 지점에서 바울이 다름 아닌 새로운 주체의 탄생을 선언하고 있음을 발견한다. 정치적인 측면에서 볼 때, 이 새로운 주체는 모든 이들이 자기 자리인 줄로 알고 차지하고 있는 자리, 즉 정체성을 넘어 "모든 이들을 위한" 보편적인 혁명적 사건의 의미를 주체적으로 결정한다. 바디우의 이 새로운 주체를 아감벤의 잔여-주체와 중첩시키기 위해 베이커는 지젝을 동원하여 다음과 같이 말한다.

---

25) 같은 책, 33. 참조; Baker, "The Revolution is Dissent," 327.
26) 같은 글.

참으로 혁명적인 것은 행동의 이면에 놓인 심연을 받아들여야 한다. 그런데 이 심연은 혁명이 구체제와 단절할 때뿐만 아니라, 이러한 전복을 위해서 필연적인 것으로 간주되는 조건들조차와도 단절할 때, 오직 그러할 때에만 나타난다.[27] 주체적인 가능성의 혁명적 실현은 그 가능성의 뒤에 있는 우연성을 드러내며 그 뒤에 이어질 봉기를 위한 길을 연다.[28]

그리하여, 베이커의 최종적인 요약적 결론은 다음과 같다.

요컨대, 혁명의 시간에는 "그렇다"가 잠재성과의 관계를 지속하는 반면, "아니다"는 모든 이를 원래의 자리에 되돌려 놓음으로써 [율]법을 재도입하려는 반혁명적 힘의 반작용 편에 스스로를 위치시킬 수도 있다. 이때는… 아감벤이 읽어내는 메시아적 시간에 더하여, 이것이 메시아인지 아닌지, 이 순간이 혁명적인 것인지 아닌지를 아는 것에 모든 것이 달려있다. 만일 그렇다면, 그때 "모두를 위한"의 선언은 정치적 가능성을 언젠가는 완전히 자유롭게 긍정하게 될, 절대적으로 요구되는 부르심에 대한 응답이다. 하지만 혁명-이후의 시간에는, 의심의 여지없이 이러한

---

27) Slavoj Žižek, *Living in the End Times* (london: Verso, 2011), 33; Baker, "The Revolution is Dissent," 328. 에서 재인용.

28) 같은 글. (원문의 이탤릭체를 고딕체로 하였음)

일시적인 것들이 단순히 이어지지는 않을 것임에도, "아니다" 가 반혁명이 아니라 [혁명은 차이임을 상기시키는] 불일치다. 이제 우리는 일시성의 국가, 나아가, "모든 이를 위한"이 보편화된 현실태 속에서 가능성을 가장 급진적으로 폐쇄하겠다고 협박하는 국가에서 산다. 이제 불일치—정치적 가능성의 가능성에 생기를 유지하고, 비결정된 것에 대한 그 어떤 결정에도 저항하는 불일치—야말로 시기적절하다.[29]

베이커는 한편으로는 바디우의 혁명적인 보편적 주체의 지속을 아감벤의 메시아적 시간과 중첩시키고, 다른 한편으로는 이러한 중첩을 혁명의 시간과 혁명-이후의 시간이라는 계기적 병렬로 펼쳐놓음으로써 바디우의 바울과 아감벤의 바울을 사건의 한 점과 시간적 계기의 연쇄 모두에 걸쳐 화해시키고자 한다. 혁명의 시간에는 아감벤의 바울로 교정된 바디우의 바울이 혁명적 주체를 정립하고, 혁명-이후의 시간에는 바디우의 바울로 교정된 아감벤의 바울이 잔여-주체를 운동한다.

---

29) 같은 글, 328-329. "원문의 이텔릭체를 고딕체로 하였음."

2. 주체의 지속: 화해의 명과 암

따라서 바디우와 아감벤의 바울 해석에 있어서 진정한 쟁점은 무엇인가? 그것은 **주체의 지속**이다. 혁명적 주체의 지속성과 메시아적 시간의 찰나적 간격을 어떻게 읽느냐의 문제야말로 바디우와 아감벤이 바울의 주체를 어떻게 이해하고 있느냐를 밝히는 핵심이다. 이것은 이 두 철학자를 변증법적으로 종합하고 있는 또한 명의 철학자 지젝에 있어서도 마찬가지인데, 결국 지젝이 바울에게서 찾아내려는 주체는 바디우의 사건적 주체와 아감벤의 메시아적 시간을 흡수하여 아감벤의 잔여-주체와 바디우의 투사적 주체를 급진적으로 종합한 것이기 때문이다. 주체의 지속이라는 핵심 쟁점은 이들의 철학이 내재성의 철학이자 잠재성의 철학인 데서 연유하는 것이므로, 이를 부연하기 위해 앞에서 제안했던 점과 파동의 은유를 소환하도록 하자. 먼저 바디우의 점-주체다.

바디우의 주체는 메타구조를 내파하며 진입하는 국소적 점인 사건에서 시작된다. 그런데 바디우의 주체는 그 주체가 선언하는 사건에 후행한다. 따라서 주체가 전적으로 사건의 개시와 그에 대한 감지 이후에 등장하는 것이라면, 주체 또한 국소적 점으로부터 시작할 수밖에 없다. 더욱이 사건적 주체에게는 메타구조가 파괴되어 있고 그에 따라 정체성으로부터 결별하였기 때문에, 그것은 더욱 더 점일 수밖에 없는데, 점이란 그 정의에 의해서 위치만 있고 크기는 갖지 않는 물리량이기 때문이다. 그것은 말하자면 메타구조에겐 찾을 수 없는 흔적이다. 이런 까닭에 바디우의 주체는 "공백으로부터 자신을 실효적으로 창안하는 주체적 자유"[30]를 향유한다.

하지만 이 자유는 관계를 희생하여 얻어진 것이다. 바디우에게 진리는 자기구성적이고 비관계적이다. 달리 말해, "진리는 바로 모든 관계로부터 풀려나는 해방의 국지적 생산… 이다."[31] 이에 따라 사건적 주체 또한 관계로부터 자유롭다는 결론에 이르게 된다. 아니면, 관계는 아주 잘 해야 파생적이며 항들 이후에 따라 나온다.[32] 지젝은 이와 비슷한 것을 바디우의 사건 개념에서 읽는데, 그에 의하면, 『존재와 사건』의 사건은 오직 사건의 주체들에게만 사건이었던 반면 그 이후에 저술된 『세계들의 논리들』(Logics of Worlds)에서는 사건이 이 사건을 부정하는 이들에게까지도 일종의 "그 효과의 증상적 현현"[33]이라는 형태로 영향을 미침으로써 결과적으로 모든 사람들에게 영향을 미친다. 다시 말해 사건은 사건을 인식하는 진정한 주체와 부정하는 비틀린 주체 모

---

30) 홀워드, 『알랭 바디우』, 42.

31) 같은 책, 41.

32) 같은 책, 492.

33) Alain Badiou, *Logics of Worlds*, trans. by Alberto Toscano (London · New York: Continuum, 2009), 478. 지젝은 이 말을 "증상적 뒤틀림"(symptomal torsion)이라는 말로 바꿔 이해한다. 지젝, 『분명 여기에 뼈 하나가 있다』, 127.

두에게 영향을 미친다는 것으로, 이는 사건이 그 직접성은 아니더라도 '간접적 효과로' 세계에 수반된다는 말과 같다.

따라서 바디우에게 진정한 사건적 주체는 사건과 더불어 고립된 점이다. 이 점-주체는 자신의 선언에 책임을 다하는 충실성에 따라 지속하는 주체가 되는데, 이 지속은 탈정체성의 지속과 같은 것으로, 시간 내적인 행위이기에 시간축을 따라 평행한 선이 된다. 하지만 선은 그 정의상 길이만 있고 폭은 없는 것이기에 이 또한 여전히 흔적이다. 점-주체의 선-지속. 바디우의 존재론에서는 초월적인 요소가 깨끗이 씻겨나가지 않았다는 지젝의 불평은 주체의 지속이 처음부터 끝까지 하나의 흔적으로만 남는다는, 혁명적 주체의 유령 같은 주체성에서 이어지고 있다. "현실적인 관계들 자체는 그것들이 관계하는 어떤 것들 사이에―뒤 또는 위가 아니라― 실존하는 것"[34]이라는 피터 홀워드(Peter Hallward)의 항변은 바디우가 바울에게서 읽어낸 주체의 이러한 성격에 대한 항변이기도 하다.

아감벤의 파동-주체는 어떤가? 아감벤의 메시아적 주체는 메시아적 시간 속에서 메시아적 삶을 사는 존재다. 따라서 메시아적 시간이 결정적이다. 그런데 메시아적 시간은 시간적 지속인가? 아감벤은 메시아적 시간의 구조를 이해하기 위한 핵심을 다음과

---

34) 홀워드, 『알랭 바디우』, 494.

같이 설명한다. "메시아적 소명은 내재의 운동이거나, 또는, … 내재와 초월 사이, 즉 이 세계와 미래 세계 사이의 비식별 영역이다."[35] 메시아적 시간은 이 세계 내의 운동이 자기 자신과의 불일치로서 이 세계의 일정 부분을 점유하는 지금의 구조라고 할 수 있다. 더욱이 아감벤에게 내재와 초월의 관계는 현재와 미래의 관계로서, 그렇다면 초월은 내재적인 것의 질적 변용인 또 하나의 내재로, 잠재성의 실현과 관련되고 있다.

이 잠재성의 실현은 운동과 영역이 일치하는 지점이다. 다시 말해 시간성과 공간성이 비식별되는 지점이다. 이것이 어떻게 가능한가? 공간과 시간의 비식별을 불가피하게 다시 공간적으로 구현하는 일은 의외로 쉽다. 왕복운동을 생각하면 된다. 왕복운동은 공간적으로는 동일한 선분을 따라 움직이는 닫힌 운동이다. 여기에서 양극단과 그 양극단의 중심은 동일선상에서 평등하게 일치한다. 따라서 왕복운동의 공간적 선분은 비식별 영역을 은유적으로 구현한다. 반면 이 왕복운동을 시간축을 따라 펼치면, 이 운동은 파동운동이 된다. 이 경우에는 매 시간마다의 위치가 중복 불가능하게 불일치한다. 양극단—이 양극단을 긍정과 부정이라고 하자—을 가로지르는 시간상의 진행은 긍정과 부정 모두에게 일치하지 않는 제3항을 향해 전진하는 이중부정의 변증법적 운동을

---

35) Agamben, *The Time that Remains*, 25.

구현한다. 그래서 메시아적 시간은 비식별 영역과 운동이 변증법적으로 중첩되어 있는 이 세계 내 파동의 시간이다. 이 파동의 시간은 세계 내에서 세계의 질적 변용이 일어나는 시간이라는 점에서 이 세계와 미래 세계가 비식별 되는 영역이기도 하다.

한편, 메시아적 시간은 이러한 질적 변용이 허용되는 구분된 시간이기에, 이 세계의 시간, 이를 테면 크로노스의 시간에 대해 무한하게 전개되지 않는다.36) 메시아적 지금의 시간은 크로노스의 시간이 파국을 맞기 직전의 찰나적 시간이다. 동시에 이 시간은 카이로스와 크로노스가 비식별되는 영원의 시간이다. 그것은 무한한 시간이 아니라 파국 직전의 시간, 자기 불일치로 충만한 시간이다. 아감벤의 메시아적 주체는 파국에 이르기 직전 시간의 이 끝부분, 이를 굳이 바디우 식으로 표현하자면, 단절 직전의 시간의 끝부분에서 진동하고 있는 파동이다. 그렇다면, 아감벤의 파동-주체는 새로운 주체의 생산에 의존한다는 생각에 반대하여 새로운 주체의 생산에 불가능하게 개입하는 주체로 제안되고 있다는 점에서 베이커의 견해에 이의를 제기할 수 있다.37) 아감벤은

---

36) 같은 책, 102-104 참조. 아감벤은 데리다의 차연을 비판하면서, 무한한 차연은 결국 충만(plērōma)에 도달하지 못하는 중지된 지양이며, 따라서 메시아적인 것 자체의 중지일 뿐이라고 지적한다.

37) 하지만 동일한 이의를 지젝에게 제기할 수는 없을 것 같다. 지젝은 사건과 사건 이후를 명확히 나누는 바디우의 깔끔한 도식에 아감벤의 혁명-이전의 운동을 부정의 부정인 변증법으로 삽입함으로써 혁명과 혁명 이후를 분리불가능

혁명-이후의 시간이 아니라 혁명-이전의 시간을 사유한다. 그에게는 혁명의 종결이 혁명의 배반을 의미하기에 혁명이 종결되기 직전의 비식별 영역 또는 운동으로서 아나키적 순간만이 중요했던 것이다.

요컨대, 아감벤의 파동-주체는 메시아적 시간이라는 질적 변용의 제한적 시간-공간을 운동한다. 파동-주체의 운동-지속. 그런데 이 시간-공간이 순수하게 비식별 영역이라면, 게다가 이 영역을 운동하는 주체의 다른 이름이 탈주체화의 운동이라면, 이 파동-주체가 지금을 메시아적 시간으로 인식하며 관통할 수 있는 방법이 있는가? 파동-주체는 오로지 메시아적 시간이 광풍같이 지나간 후에 화석화된 형태로 남아서는, 또 하나의 불일치인 타자에 의해서만 사후적으로 증언될 수 있는 것은 아닌가? 그렇다면, 이 증언 자체가 하나의 신화화된 정체성으로서 메시아적 주체의 영원한 도달 불가능성을 항변하게 되는 것은 아닌가? 지젝이 아감벤의 잔여가 너무나도 형식적인 시간 구조에서 전개되고 있다고 불평할 때, 그가 의미하는 바는 바로 이 주체의 이러한 현실적 접근 불가능성이 아닌가? 주체와 지속의 분리를 파동과 운동의 결합 위에 얹어서 이끌어가는 논리의 실효적 정합성은 아감벤의 주체에게 하나의 숙제로 남아있다.

한 변증법적 과정으로 중첩시키고 있기 때문이다. 지젝에게 죽음은 그 자체로 부활이고, 타락은 그 자체가 구원이다.

어쩌면 바디우의 점-주체와 아감벤의 파동-주체가 갖는 한계를 지젝의 우주-주체로 극복할 수 있지 않을까? 이 주체는 바디우의 단절을 부활에서 죽음으로 앞당기고, 주체의 지속을 바디우의 선-지속이 아니라 아감벤의 파동-지속[38]으로 대체한다. 따라서 지젝의 기독교적 주체, 진리 사건의 주체는 죽음 이후, 엄밀히 말해서 죽음의 완결, 말하자면 신 죽음의 완결 이후에 탄생한다. 이 주체는 보편적 단독자와 상황 사이의 최소한의 차이에서 시작해서 실재계, 상징계를 아우르며 성장한다. 죽음 이후의 성장, 그것은 죽음이 곧 부활과 다르지 않음을, 케노시스가 실은 아가페적 하강운동이 아니라 에로스적 상승운동이었음을 예증한다.

우리는 지젝의 그리스도교적 주체가 성장하는 발판이 되는 이 최소한의 차이를 빅뱅[39] 직후의 초기 우주에서 발견하는 확률적 양자요동에 비유할 수 있다. 표준 빅뱅이론에 의하면, "장소에 따

---

[38] 지젝은 바디우의 보편적 단독자를 잔여-주체와 화해시킨다. 이 화해는 점-주체의 선-운동을 아감벤의 주체와 변증법적으로 결합한 결과로, 아감벤의 파동-주체의 운동-지속은 이 결합 속에서 주체 자체의 지속으로 압축된다. 주체와 지속을 분리했던 아감벤의 기획이 비틀림을 겪은 후에야, 바디우와 아감벤의 변증법적 결합이 주체 해석에서 가능할 수 있었던 것이다. 이를 표현하는 방법으로 여기에서는 '파동-지속'이라는 표현을 사용하기로 한다.

[39] 그린, 『우주의 구조』, 381: 우주에 관한 표준 모델의 맹점 중 하나는 빅뱅의 순간에 관해서 아는 게 하나도 없다는 사실이다. 폭발의 바로 그 지점은 하나의 공백으로 남아있다. 이로 인해 그리스도의 죽음을 공백으로 사유하는 지젝의 기독교적 주체 해석에 현대 우주론을 유비적으로 사용하는 것이 가능하다.

라 무작위로 일어나는 양자적 요동의 차이가 미시적인 영역에서 비균질성의 원인이 되었다."[40] 지젝의 최소한의 차이는 결국 주체의 자기 자신과의 차이로서 주체의 잉여에 다름 아니며, 잉여의 과잉적 생산이 그 자체로 주체의 연대기를 이룬다. 그리고 이러한 연대기는 바디우의 선-지속을 대신하는 아감벤의 파동-지속과 다르지 않다. 양자요동의 현현이 우주의 진화 자체라면, 최소한의 차이의 현현은 파동-지속에 의해 생산되는 "인간과 인간의 불일치"[41] 또는 "**비인간적인 과잉**"[42]으로 전개되는 그리스도다.

우리는 이러한 주체를 우주-주체라고 유비적으로 부를 수 있고, 이 주체는 우주의 진화하는 특성에 따라 그 지속을 생각해 볼 수 있다. 우주 진화의 표준 모델에 따르면, 우주의 팽창 속도는 암흑 에너지(dark energy)라는 미지의 에너지에 따라 점점 가속되고 있다. 암흑 에너지는 알려지지 않은 70%의 에너지이며, 나머지 30% 중 25%는 우주의 안정성을 설명하는 암흑 물질(dark matter)로, 이 물질 역시 미지의 대상으로 남아있다. 따라서 인류에게 알려진 모든 물질적 에너지를 전부 합한다 해도 전체의 5%에 불과하다. 우리가 알고 실제로 검증할 수 있는 우주는 5%이며, 그 나머지는 이 5%의 상식적인(!) 우주에 대하여 과잉으로 남아있다.

---

40) 같은 책, 424.

41) 지젝, 『죽은 신을 위하여』, 233.

42) 같은 책. (고딕체는 원문에 의한 것임)

그렇다면, 우주의 진화는 어떤 불확실한 과잉에 의해 진행되고 있다고 할 수 있다. 우리는 이러한 우주의 지속 특성을 유비적으로 지젝의 우주-주체에 대입해서 이해해 볼 수 있는데, 그것은 과잉-지속이다. 우주-주체의 과잉-지속.

지젝의 우주-주체는 그러나 최종적인 문제 제기에 직면한다. 우주 전체와 동일하게 유비할 수 있는 우주 내의 사건적 주체라면, 더욱이 이 우주-주체는 철저하게 유물론적이라서 이 우주를 전혀 벗어날 수 없는 것이라면, 즉 우주를 구성하는 하나의 항이라면, 그렇다면 결국 우주-주체와 우주의 관계는 자기 자신을 포함하는 집합의 관계로 러셀의 역설(Russell's paradox)에 빠져들며, 따라서 바디우의 집합론에서 그토록 물리치려고 했던, 일자로 셈하기가 실패하는 지점, 신을 소환하는 지점으로 되돌아오게 된다.[43]

주체의 지속과 관련하여 세 철학자의 바울 해석은 모두 실패하고 만다. 이것은 어쩌면 당연한 결과일지도 모른다. 유물론은 물질의 시간성을 성실하게 사유할 수 있어야 한다. 그러나 바디우가 존재론의 기초로 삼은 집합론은 시간성을 사유할 수단을 가지지 않는다. 아감벤의 메시아적 시간 또한 수량화할 수 있는 산술적 시간 자체의 본유적인 비가역성, 말하자면 자기 초월성을 다른 시간과의 변증법이라는 서구의 전통을 수정해서 해결하려고 함으로

---

43) 바디우, 『존재와 사건』, 86-87 참조.

써 외면한다. 지젝은 바디우 진리론의 초월적 성격을 제거하기 위해 아감벤의 변증법을 이 진리론과 융합하려 하지만 융합하려는 이론들 자체가 이미 유물론적 시간의 본유적 비가역성을 사유할 수단을 갖고 있지 않을 뿐만 아니라, 지젝 자신이 여기에 더 덧붙일 수 있는 어떤 다른 수단도 마땅히 없었던 까닭에, 결국 바디우의 문제의식을 재확인하는 지점으로 되돌아오고 만다.

철학적 사유는, 그것이 아무리 유물론적 기획이라 하더라도, 하나의 거대한 설명적 기획 속에서 수행되는 한, 주체의 지속 문제를 충분히 다룰 하나의 이론 수립이 불가능한 것 같다. 이는 시간의 비가역성을 다룰 수 있는 보편적 수단을 인간이 갖고 있지 않기 때문이 아닌가 한다. 이런 경우, 우리가 선택할 수 있는 것은 어떤 잔여들, 어떤 약함들, 아무것도 아닌 어떤 것들, 어떤 주변부들 각자와 관련된 사건의 단독성을 개별적으로 시뮬레이션하는 것이다.

하나의 이론 아래 설명적으로 실천의 역량을 만들어내고자 함 없이, 주어진 역량 내에서 주어진 범위까지 도달하려는 이 기획은, 이미 그 출발점에서부터 가장 잘해야 타락한 공백 이상도 이하도 아닐 것이다. 사실, 주어진 여건 속에서 바울을 읽는 것만큼 바울과 멀어지기 쉬운 일도 흔치 않을 터다. 도처에 있는 것이라곤 타락한 공백뿐이다. 하지만 어떤 잔여의 목표가 순수한 공백에 도달하는 것도 아니고, 메타구조의 배제된 포획에서 벗어나는 것도 아니며, 자신도 모르게 고상한 진리의 투사로 칭송 받으려는 것도 아니라, 그저 지금의 상황에서 조금이라도 나은 삶을 살 수 있기를 바라는 것이라면? 더욱이 더 나은 삶이란 어떤 원칙을 찾을 수 없는, 상황이나 그 상황의 구조나, 그 상황의 구조를 규정하는 메타구조와 관련된 채 그 잔여의 욕망을 투영하는 것이라면? 게다가 한 잔여의 더 나은 삶이 다른 잔여의 더 나은 삶과 정반대의 요구를 통해 획득될 수 있는 것이라면? 그저 상대주의적 태도를 말하려는 것이 아니라, 설명적 진리론이 다 포획할 수 없는 구체성에 대해서 말하려는 것이다. 유물론적 기독론이 굳이 형이상학적 기독론이 갔던 길을 따를 필요는 없지 않은가?

차라리 생명정치 분석학의 비판적 면모를 따르는 것은 어떤가? "필연적 논리를 따르는 것이 아니라 구체적이면서 우연한 합리성에 의존하며 제도적 선호와 규범적 선택을 통합"[44]하는 실천과 결정을 추구하는 식으로 말이다. 이미 오래전에 일리야 프리고진(Ilya Prigogine)이 고전역학과 양자역학 모두에게서 보았던 한계와 그 대처를 여기에서 고려할 만하다.

> 고전과 양자역학 모두에서, 계의 어떤 시점에서의 상태가 충분하게 정확히 "알려지면," 미래(또는 과거)는 적어도 원칙적으로

---

44) 토마스 렘케/심성보 옮김, 『생명정치란 무엇인가: 푸코에서 생명자본까지 현대 정치의 수수께끼를 밝힌다』 (서울: 그린비, 2015), 194.

는 예측될 수 있다. … 이 이론적 틀은 현재가 과거와 미래를 "포함하고" 있다는 것을 의미하는 것으로 보인다. … 미래는 과거에 포함되지 않는다.[45]

프리고진은 수량화 가능한 산술적 시간이 현재의 관찰자 시점에서 과거, 현재, 미래를 자유롭게 넘나드는 가역과 치환가능한 평등성을 갖는다는 생각을 전제로 과학 활동에 삽입되어 있다는 사실을 지적하고, 그러나 시간은 비가역적임을 강변하고 있다. 아감벤의 견해와 달리, 현재와 과거의 수축이 미래를 열 것이라는 보장이 없다. 그렇다면 미래를 예측하거나 어떤 실천의 방향을 정한다는 것은 전혀 불가능하다는 말인가? 그렇지 않다. 이 문제를 풀기 위해 프리고진은 바디우와 비슷하게 그러나 순수하게 물리학적인 의미에서 "사건은 공간과 시간에 대해 국소화된 과정이고, 단순한 궤적이 아니"[46]라는 데서 출발한다. 그리고 사건의 이러한 성격을 염두에 둘 때, 시간을 비국소화된 어떤 보편성으로 생각할 수 없다는 사실에 착안하여 "제2의 시간"을 탐구한다. "이 시간은 미시적 동역학적 수준에 깊이 뿌리 박고 있다."[47] 이 새로운

---

45) 일리야 프리고진/이철수 옮김, 『있음에서 됨으로: 시간의 의미와 물리과학』 (서울: 민음사, 1989), 17.

46) 같은 책, 14.

47) 같은 책, 16.

시간은 개체의 시간에 기초한 평균값과 같은 것이다.[48] 즉, 미시적 시간을 통해서 거시적 시간의 추이를 제한적으로만 추적할 수 있다. 그것은 결정론을 제한적으로만 승인한다. 주체의 지속 또한 이러한 시간 위에 있지 않을까?

사건의 단독성을 보편성과 연결하려고 시도한 바디우나 지젝과 달리, 프리고진은 사건의 국소성에 더 집중한다. 이 국소성은 사건의 주체와 관찰자 사이의 상호작용을 포함하는 것으로, 사건의 관계적 차원을 용인하기도 한다. 어쨌든 대칭성이 파괴되는 개별적 사건들의 앙상블이 시간의 비가역적 시간성을 형성해간다는 생각은 우리가 주체의 지속을 논할 수 있는 자리가 어디일 수 있는가에 대한 하나의 참고가 될 수 있는데, 이 결정적일 수도 있을 참고는 사건에 있어 주체의 지속은 개별적 구체성의 층위에서만 제한적인 전망과 함께 접근할 수 있다는 사실에 더 세밀한 관심을 기울여야 한다는 촉구다.

별개의 의제들을 이어 한국 사회를 넓은 시야로 조망하겠다는 시도는 렌즈가 멀어지면서 결국 하나의 뭉뚱그려진, 예리함과 단호함을 잃어버린 문제들의 '덩어리' 쯤으로 인식된다. "삼백 명이 죽은 하나의 사건이 아니라, 한 사람이 죽은 삼백 개의 사건

---

48) 같은 책, 211.

이다"라는 말을 새삼스럽게 곱씹게 된다.[49]

---

49) 최하은, "세월호로 우리의 세계는 재구성되었는가?," 304.

V.

다시, 바울의 '주체-되기'와 촛불항쟁의 주변부: 아무것도 아닌 것들

이어서 곱씹어 보자. 바디우, 아감벤, 지젝 이 세 명의 철학자들이 형이상학적 존재론의 희생양이 되고 말았다고 얘기하려는 것은 아니다. 오히려 아감벤이 바디우에게, 지젝이 바디우와 아감벤에게 했던 요구, 더 철저하게 잠재성의 철학을 전개하라는 요구를 연장하려는 것뿐이다. 이러한 요구를 제기함에 있어서 주체의 지속 문제는 '주체-되기'의 가능성을 실질적으로 문제시하기 위한 하나의 핵심이 된다. 바디우가 주로 사랑의 실천과 충실성을 통해 확보하고자 했던 이 지속은, 이것이 지젝을 통해 아감벤의 변증법적 운동과 화해하며 종합됨에 있어서도 충분하게 해결되지 못했다. 여기서 찾은 결정적 이유는 하나다. 미시적 사건들을 거시적 논리에 탑재하려 하기 때문이다. 이들은 시간의 비가역성과 국소성을 가지고서 '아무것도 아닌 것들'의 잠재성 실현을 말하고자 했다는 점에서 방향을 제대로 잡고 있었지만, 정작 그 방향으로 나아갈 사유의 틀을 인간은 준-생래적으로 소유하지 못했다는 사실을 간과했다. 이러한 한계를 그 안에서 돌파하기 위해 잠재성의 철학은 더욱 미시적으로 실천을 사유해야 하며, 귀납법의 '유혹'을 뿌리치고 귀납법을 감행해야 한다.

하지만 먼저 이 세 철학자들에게 부끄러운 삶을 살고 있는 한국 신학자로서 감사를 표해야 한다. 이들이 바울을 자신들 사유의 중심에 끌어들여 주변부의 주체-되기에 한껏 힘을 실어주고자 진력을 다하고 있다는 사실에 고개 숙여 경의를 표해야 한다. 이에 비하면, 세월호 이후를 살고 있는 한국 주류 신학계의 바울서신 본문에 대한 대부분의 문제의식과 해석이 보여주는 정형화된 추상성은 매우 유감스럽다. 이들의 신학이 순수하게 신학을 위한 신학을 하는 동안 세월호는 침몰했고, 광장이 형성됐고, 촛불이 들렸으며, 주변부들의 역사가 쓰였다.

한국의 바울은 거의 언제나 주변부의 구체성 저 멀리에서 고고하게 선교를 하거나, 변증을 하거나, 목회를 하기 위한 근거로 사용된다. 이러한 작업은 심지어 주변부들을 논하면서도 그대로 재현되곤 한다. 연해주와 사할린에 강제 이주된 한반도인들과 그 후예들을 논하는 글에서조차도, 바울은 선교하는 자로서 공동체의 분열을 해결하고 차별을 철폐하며 유대인과 이방인의 화목을 추구하는 이로 그려진다. 그래서 이 글의 저자는 러시아에 흩어져 살고 있는 한반도인이 마가공동체나 로마공동체와 유사한 문제에 직면해 있기에, 바울과 마가로부터 들을 수 있는 충고를 잘 새겨 들으면 문제를 해결할 수 있다는 식으로 글을 맺는다.[1)]

이 외에 한국의 주변부 현장성을 담아 바울과 바울의 본문을 읽어내는 글은 거의 찾아볼 수 없다. 대부분의 논문들이 바울 본문을 주석하거나 해석하는 문제에 관한 쟁점들을 다룬다. 이런 논문들은 대부분 교리적 전제들을 배경으로 한다. 바울의 특정 본문을 정밀하게 주석하는 논문들을 제외하면, 이미 반세기 가까이 논의되어온 이른바 '바울에 관한 새 관점'—사실 더 이상 새롭다고 말하기는 어려운 관점—을 반복하여 논하는 연구들과 이 연구들과 무관하지 않은 바울의 다마스쿠스 사건을 논하는 연구들이 바울과 관련해서 가장 눈에 띈다.[2)] 이 논문들은 주로 바울이 유대주의와 결별하였는가의 문제(이는 개종이냐 아니냐, 회심이냐 아니냐의 문제로 논의되기도 한다), 개신교 정통주의가 보존하고 있는 칭의론의 정당성 문제에 집중하여 논하는 경향이 있다. 기존의 해석

---

1) 양재훈, "마가와 바울의 눈으로 보는 추방, 해방과 분단 70년," *Canon & Culture* 9.2 (2015.10), 37-66.

2) 찾을 수 있는 최근의 예를 들면, 김태훈, "바울은 다메섹에서 예수를 어떻게 인식했는가? — 고린도후서 4:4-6을 중심으로," 「신약논단」 21.1 (2014. 3), 199-232; 문병구, "불트만의 바울 연구와 샌더스의 새 관점," 「신약논단」 22.4 (2015. 12), 1047-1080; 배정훈, "유대교 율법주의 연구를 통한 바울에 관한 새 관점의 비판적 이해," 「장신논단」 49.1 (2017. 3), 147-171; 조갑진, "바울의 다메섹 사건에 관한 연구," 「신약논단」 22.1 (2015. 3), 133-178.

과 경쟁하는 해석 중 한쪽 편에 서서 논하는 방식으로 주로 전개되는 이 논문들의 관심은 신학자 사회에서 생산된 담론들에 대한 순수한 측정이다.

가끔은 여성주의적 시각에서 바울 본문을 새롭게 주석하거나, 아니면 특정한 개념어, 예를 들면 '정의' 같이 정치적인 함의를 담을 수 있는 그런 개념어의 의미를 바울[과 예수]에게서 끄집어 내려는 시도도 있다. 그렇더라도 이러한 논의들 역시 '본문에 충실하기'라는 암묵적 합의를 따른다. 사실 본문에 충실하다는 것이 어떤 것인지는 여전히 논쟁적이지만 말이다. 이러한 작업들은 텍스트와의 순수한 대화를 추구함으로써 거기에서 거둔 정금같은 열매를 아주 멀리 떨어진 시·공간에 가져와 이 시대, 이 공간의 사람들에게 먹이기 위한 사전작업일 수 있다.

이러한 모든 연구들이 가치가 없다고 말하려는 것은 아니다. 여기서 말하고 싶은 것은 기존에 있는 것의 문제가 아니라, 아무리 눈 씻고 찾아도 없는 것에 대한 문제다. 이 시대 한국의 신학에 왜 이 시대 한국은 빠져 있는가? 이와 무관하지 않은 또 다른 문제제기는 왜 한국의 신학자들은 이 세 명의 유물론 철학자들이 주변부를 편들기 위해 잠재성의 실현이라는 희망을 바울에게서 애타게 길어올리고 있을 때, 아니, 그렇게 바울을 가지고 하고 싶은 것을 다 한 후에도, 아무런 반응이 없는가? 가뭄 속 허허벌판에 외롭게 싹 틔웠던, 한 손에 꼽을 정도의 연구들을 제외하면, 이렇다 할 신학적 반응이 없다. 이러한 논문 중 바디우의 바울 해석을 찬찬히 연구한 한 연구의 다음과 같은 기대가 저 허허벌판에서 허망하게 메아리칠 뿐이다.

바디우는 설득력 있게 역사적 예수뿐만이 아니라 사도 바울도 이른바 진보적 진영의 의제, 곧 해방과 평등을 위한 이론적 근원이 될 수 있음을 밝혔다. 이는 보수화되는 한국 기독교를 특정 세력과 일치하려는 여타의 시도들을 이론적으로 저지하고, 한국 기독교의 욕망과 신앙의 충실성을 구분하고 성찰하는 데에 도움을 준다. 또한 한국 기독교에 대한 지적 폄하, 나아가 기독교 자체에 대한 섣부른 비판을 제어하는 데에도 기여할 수 있을 것이다.[3]

한국의 주변부는 광장을 경험했지만, 한국 주류 신학에는 여전히 광장이 없다. 그러니 발길을 돌려 다시 촛불항쟁의 광장으로 가보자. 여기서 발견하는 주체는 무엇인가? 아니, 질문이 잘못 시작됐다. 광장에서 주변부는 누구인가? 이 질문은 촛불항쟁의 주체를 시민 개념으로 몰아가는 한국 학계와 주체의 지속 문제 앞에서 바울의 주체를 이해하려는 존재론적 기획의 난관에 봉착한 세

---

3) 김학철·고형상, "알랭 바디우 철학의 신학적 수용 – 알랭 바디우의 『사도 바울』을 중심으로," 「한국기독교신학논총」 70.1 (2010.07), 80.

명의 현대 철학자들에게 소중하다.

그런데 먼저 염두에 둘 것이 있다. 주변부의 광장은 지젝이 뜻하는바 공백의 집합소다. 그 자체로 타락이며, 바디우가 뜻하는 상황과 상황의 구조와 그 구조의 메타구조로부터 형성된 정체성으로부터도 자유롭지 않으며, 아감벤이 뜻하는바 전체의 폭력에서도 자유롭지 않기에 포함된 배제와 배제된 포함이 뒤섞여 있는, 이물질 가득한 날 것들의 집합소다. 주변부의 소리는 그렇게 서로에게 잡음이 되며 그 모든 잡음에 뒤섞여 들린다.

그중에서 대표적으로 들린 몇 가지 소리를 들어보자. 먼저, 세월호 참사 유가족들의 소리다: "우리 힘만으로는 안 돼요. 언론에서 다 막아버려요. … 그래서… 간담회를 하게 됐어요. … 잊히는 게 무서워서."4) "〈거위의 꿈〉은 미래를 보는 건데 우리는 미래가 없잖아요. 채원이의 미래도 끝났잖아요. 아빠가 화내는 것 중에 하나가 진상규명이고 뭐고 세상이 변한들 당사자가 없는데, 걔가 살아서 돌아오는 것도 아닌데 무슨 소용이냐고."5) 3살 아이가 원인 모를 폐렴으로 죽은 지 5년이 지나 그것이 가습기 살균제 때문이었다는 사실을 알게 된 아이 엄마의 목소리가 있었다: "중환자실 면회가 있어서 들어갔는데, '준원아 엄마 왔어' 그랬더니, '엄마

---

4) 416 세월호 참사 시민기록위원회 작가기록단, 『금요일엔 돌아오렴』 (파주: 창비, 2015), 128.

5) 같은 책, 225.

아야. 엄마 아야' 그게 아직까지도 되게 생생해요. … 인정 안 하고 싶었어요. 사실, 인정 안 하고 싶었어요. 그러면 제가 죽인 거나 마찬가지잖아요. 제가 죽인 거잖아요. … 더 많이 쐤췄죠. 더, 더 잘 들어가라고. 애가 이제 건조하면, 건조하면 안 되니까. … 지금도 저는 제 손을 잘라버리고 싶어요."[6] 형제복지원 만행의 진상규명을 위해 서명해 달라는 침묵의 외침이 있었다: "저는 형제복지원 피해생존자 이향직 님의 딸입니다. 우리 아빠의 한을 풀어드리러, 여러분들의 서명을 받으러 나왔습니다. 서명 부탁드립니다."[7] 그곳엔 인권에 목마른 장애인들의 요구가 있었고, 정신대 피해자들의 한이 있었고, 용산 참사 희생자들의 원통함이 있었고, 억울하게 삶의 터전을 빼앗긴 노동자들, 부정선거를 막자는 시민운동가들, 탈핵을 요구하며 사드를 반대하는 목소리들, 그 외에도 일일이 적기 힘든 한반도 구석구석에서 몰려온 소외와 고난의 하소연들이 하나로 설명할 수 없는 거대한 주변부 광장을 형성했었다.

원통함이 해결되지 않았음에도 사회적 기억의 소멸을 두려워해야 하는 공포. 미래를 삼켜버린 현재 앞에서 진상규명이라는 명분조차도 초라하게 만드는 분노. 영원히 그 고통이 끝나지 않을

---

6) 이규연의 스포트라이트, "가습기 살균제 대참사 1부: 대한민국, 침묵의 합창," *JTBC*, 2016년 5월 15일.

7) AJUTV, "제19차 촛불집회 현장서 형제복지원 진상 규명 목소리 울려 퍼져," *YouTube*, 2017년 3월 4일, https://www.youtube.com/watch?v=KxEyJ4nSaf8.

피해자이면서 그 고통의 길이만큼 죄책감을 느껴야만 하는 잔혹한 사랑. 세대를 이어 지속하는 한과 상흔, 등등. 이 다양한 감정과 정동들의 적나라한 생명 자체 사이로 대형 스피커를 통해 강화되며 통일된 몇 가지 구호들은 "박근혜 퇴진," "적폐청산"으로 요약될 수 있을지도 모른다. 그리고 이 구호들은 정말로 이 다양한 감정과 정동들 그리고 이 감정과 정동들에 엮여있는 역사적이고 사회문화적인 구조적 관계망들을 하나로 묶어내는 핵심들일 수도 있다. 아니면, 이 다양성을 다 묶어낸 것이 아니라, 이 모든 다양성이 하나로 통합될 수 없다는 사실로 인해 불가피하게 선택된 상징적 대표로서 기능한 것뿐일 수도 있다. 거듭 말하자면 주변부는 흩어진다. 그리고 흩어지는 주변부를 셀 수 있는 방법은 없다. 그러니 우리는 후자에 내기를 걸도록 하자.

한반도의 주변부 목소리는 시민적 요구 몇 가지로 정리될 수 없는 셀 수 없는 다양성이다. 정권교체와 적폐청산, 한반도 평화체제구축 등의 거대한 이야기 몇 개가 구체적인 주변부들의 정체성을 형성할 수는 없다. 이러한 이야기의 실현 가능성을 상상조차 하지 못했을 때와 별반 달라진 게 없다는 말은 아니다. 메타구조를 대체하는 메타구조만으로는 주변부들의 삶이 광장처럼 생생하게 사회의 전면부로 나와 그 목소리들을 운동할 활로를 모색하긴 어려움을 말하고자 함이다. 메타구조 위에서 춤추는 권력의 핵심부는 그렇게 춤추게 놔두자. 그렇다고 한국 사회 모두가 그 춤을

같이 출 필요는 없다. 이 춤이 계속되려면, 이 춤에게 주어진 시간은 주변부들의 미시적인 시간들의 평균값이 되어야 한다. 이 시간들은 그 평균값 시간에 의해 예단되는 시간들이 아니라, 평균값 시간을 이끌어가는 시간, 되돌릴 수 없는 운명적 시간, 장기적 전망이 불가능한 지금의 시간이다.

유대인도 아니고 헬라인도 아닌 자들, 세상의 약한 것들, 세상에서 비천한 것들, 멸시받는 것들, 그리하여 최종적으로 '아무것도 아닌 것들'(고전 1:28)을 찬미하는 바울에게서 우리는 불완전한 것이 완전한 것보다 어느 정도 우위에 있다는 지젝의 목소리를 들을 수도,[8] 새로운 인류의 탄생을 볼 수도,[9] 사랑의 급진성을 볼 수도 있다.[10] 이 모든 가능성들은 주변부의 '주체-되기'가 가능함을 선언하는 바울의 결연함에 대한 몇 가지 부연이다. 우리는 이 부연에 한 가지를 더 덧붙일 수 있다. 주변부의 '주체-되기' 과정은 칭송받기에는 너무도 고단하다고. 우리는 숱하게 박수칠 때 화려하게 떠나는 것은 박수 받는 이들이 아니라 박수치는 이들이었음을 경험했다. 그렇게 메타구조에 묻혀버린 주변부들의 '아무것

---

8) 지젝, 『죽은 신을 위하여』, 186.

9) 카렌 암스트롱/정호영 옮김, 『카렌 암스트롱의 바울 다시 읽기』(서울: 훗, 2017), 221.

10) 김학철, 『아무것도 아닌 것들의 기쁨 – 사도 바울과 새 시대의 윤리』(파주: 문학동네, 2016) 12.

도 아닌 것임'의 재확인은 우리 역사의 또 다른 아픔이다.

따라서 우리는 모든 이론들의 치밀함과 견고함에도 불구하고, 그 어떤 장기적 전망도 가질 수 없는, 사실 과거의 기억도 힘겨운, 그래서 아무런 기호도 스스로는 생산할 수 없는 주변부의 '주체-되기'를 위해 바울을 다시 읽어야 한다. 그것은 정치의 탄생이 우선이어서도 안 되고, 진리의 탄생이 우선이어서도 안 되며, 시민 등등의 주체의 탄생이 우선이어서도 안 되는, 그때그때 그대로의 삶의 숨소리, '엄마 아야' 그대로의 날 것, 케노시스라면 그렇게 텅 비어버린 공명에서 시작해야 한다.

참고문헌

416 세월호 참사 시민기록위원회 작가기록단. 『금요일엔 돌아오렴』. 파
주: 창비, 2015.

권영국·신기주. "인터뷰: 권영국 변호사: 거리의 변호사, 세월호를 말하
다." 「인물과사상」 229 (2017.5): 14-38.

김덕기. "최근 철학계의 성 바울의 보편성 논의와 그 비판적 평가." 「해석
학연구」 23 (2009.3): 179-237.

김상준. "2016-2017년 촛불혁명의 역사적 위상과 목표: '독재의 순환고리
끊기'와 '한반도 양국체제 정립'." 「사회와이론」 31 (2017.11):
63-90.

김선택. "민주적 정당화의 관점에서 본 정부형태론: 촛불혁명은 정부형
태의 변경을 요구하였나." 「공법학연구」 18.4 (2017.11): 85-109.

김성민. 『바울과 현대철학』. 서울: 새물결플러스, 2018.

_____. "사건의 공백(void)과 급진적 분할(division)의 주체 ─ 바디우와
아감벤의 바울의 주체개념을 중심으로." 「시대와 철학」 25.2
(2014.6): 37-70.

김용규. "주체와 윤리적 지평: 바디우와 아감벤의 '바울론'을 중심으로."
「새한영어영문학」 51.3 (2009.8): 87-116.

김윤철. "2016-2017년 촛불집회의 역사적 맥락과 '마지노선 민주주의'."
「21세기정치학회보」 8.1 (2018.3): 1-19.

김윤철 외. "<촛불 1주년 포럼> 촛불은 우리에게 무엇이었나 '광장이 던진

질문과 시민사회운동의 과제'." 「시민과세계」 31 (2018.1):
225-247.

김태훈. "바울은 다메섹에서 예수를 어떻게 인식했는가? — 고린도후서
4:4-6을 중심으로." 「신약논단」 21.1 (2014.03): 199-232.

김학철. 『아무것도 아닌 것들의 기쁨 — 사도 바울과 새 시대의 윤리』. 파
주: 문학동네, 2016.

김학철·고형상. "알랭 바디우 철학의 신학적 수용 — 알랭 바디우의 『사
도 바울』을 중심으로." 「한국기독교신학논총」 70.1 (2010.07):
57-83.

남궁협. "'타자의 고통에 대한 응답'으로서의 커뮤니케이션 그리고 언론
의 역할: 세월호 참사에 대한 언론보도를 중심으로." 「한국언론정
보학보」 91 (2018): 41-75.

노형일·양은경. "비폭력 저항 주체의 형성: 박근혜 대통령 탄핵 촛불집회
에 대한 통치 분석." 「한국방송학보」 31.3 (2017.05): 5-41.

도미니크 핀켈데/오진석 옮김. 『바울의 정치적 종말론: 바디우/아감벤/
지젝/샌트너』. 서울: 도서출판b, 2015.

디터 게오기. "로마 제국주의의 이데올로기를 전복시킨 복음." 『바울과
로마제국: 로마 제국주의 사회의 종교와 권력』. 리차드 홀스리 편/
홍성철 옮김. 서울: CLC, 2011.

리언 레더먼·크리스토퍼 힐/곽영직 옮김. 『힉스 입자: 그리고 그 너머』.
서울: 작은책방, 2014.

리처드 호슬리/정연복 옮김. 『제국의 그림자 속에서: 신실한 저항의 역사
로서 성서 새로 보기』. 고양: 한국기독교연구소, 2014.

마르틴 하이데거/소광희 옮김.『존재와 시간』. 서울: 경문사, 1995.

문병구. "불트만의 바울 연구와 샌더스의 새 관점."「신약논단」 22.4
   (2015.12): 1047-1080.

박성진. "촛불의 시민성: 시민사회를 넘어서는 시민."「시민과세계」 30
   (2017.6): 1-25.

박윤영. "세월호 사건과 촛불혁명 그리고 문학의 참여: 슬픔이 사라지지
   는 않아도 – 혁명과 애도의 시."「실천문학」 125 (2017.9): 18-31.

발터 벤야민/최성만 옮김.『발터 벤야민 선집 5: 역사의 개념에 대하여|폭
   력비판을 위하여|초현실주의 외』. 서울: 도서출판 길, 2015.

배정훈. "유대교 율법주의 연구를 통한 바울에 관한 새 관점의 비판적 이
   해."「장신논단」 49.1 (2017.3): 147-171.

브라이언 그린/박병철 옮김.『우주의 구조: 시간과 공간, 그 근원을 찾아
   서』. 서울: 승산, 2014.

브루스 핑크/이성민 옮김.『라캉의 주체: 언어와 향유 사이에서』. 서울: 도
   서출판b, 2012.

서동욱. "행복과 메시아적 몰락 – 바울·벤야민·레비나스·아감벤."「서강
   인문논총」 53 (2018.12): 239-270.

슬라보예 지젝/정혁현 옮김.『분명 여기에 뼈 하나가 있다 — 변증법적 유
   물론의 새로운 토대를 향하여』. 고양: 인간사랑, 2016.

_____/김정아 옮김.『죽은 신을 위하여: 기독교 비판 및 유물론과 신학의
   문제』. 서울: 도서출판 길, 2013.

_____/김서영 옮김.『시차적 관점』. 서울: 마티, 2011.

_____/이성민 옮김.『까다로운 주체: 정치적 존재론의 부재하는 중심』.

서울: b, 2005.

슬라보예 지젝·존 밀뱅크/박치현·배성민 옮김.『예수는 괴물이다』. 서울:
마티, 2013.

신익상. "근본주의와 가난의 문제: 민중신학의 '민중'과 아감벤의 '잔여'
를 연결하여."「신학연구」68 (2016): 229-255.

_____. "종교해방과 존재해명 — 그 불이적임."「신학연구」63 (2013):
122-154.

알랭 바디우/박영기 옮김.『변화의 주체』. 천안: 논밭출판사, 2015.

_____. "'인민'이라는 말의 쓰임에 대한 스물네 개의 노트"『인민이란 무
엇인가』. 서울: 현실문화연구, 2014.

_____/조형준옮김.『존재와 사건: 사랑과 예술과 과학과 정치 속에서』.
서울: 새물결출판사, 2013.

_____/서용순 옮김.『투사를 위한 철학: 정치와 철학의 관계』. 파주: 오월
의봄, 2013.

_____/현성환 옮김.『사도 바울: '제국'에 맞서는 보편주의 윤리를 찾아
서』. 서울: 새물결출판사, 2008.

양재훈. "마가와 바울의 눈으로 보는 추방, 해방과 분단70년." *Canon &
Culture* 9.2 (2015.10): 37-66.

용수/김성철 옮김.『中論』. 서울: 경서원, 1996.

우지수 외. "우리는 촛불을 들었다: 둑을 허문 청년들."「창작과비평」45.1
(2017.3): 70-96.

유해정. "정치적 애도를 통한 삶의 재건: 세월호 참사의 시민 경험을 중심
으로."「민주주의와 인권」18.2 (2018.06): 181-220.

이나빈·주혜선·안현의. "일반인의 세월호 참사 간접 경험으로 인한 신념 체계와 안녕감 간 관계에서 집단역량 인식의 매개효과: 종단연구." 「한국심리학회지: 사회 및 성격」 31.3 (2017.08): 37-60.

이상철. "세월호, 우리의 애도는 아직 끝나지 않았다." 「제3시대」 106 (2017.04): 2-10.

일리야 프리고진/이철수 옮김. 『있음에서 됨으로: 시간의 의미와 물리과학』. 서울: 민음사, 1989.

장우영·조인호. "정치커뮤니케이션 채널과 촛불집회: 담론과 정책이슈 차별성의 빅데이터 분석." 「한국정치학회보」 52.4 (2018.09): 33-60.

정병기. "2016-2017년 촛불 집회의 성격: 1987년 6월 항쟁 및 2008년 촛불 집회와의 비교." 「동향과 전망」 104 (2018.10): 374-399.

정태석. "87년 체제와 시민사회 이데올로기-가치들의 변화: 촛불혁명과 사회체제 전환의 전망." 「경제와사회」 117 (2018.03): 18-61.

조갑진. "바울의 다메섹 사건에 관한 연구." 「신약논단」 22.1 (2015.03): 133-178.

조르조 아감벤/박진우·정문영 옮김. 『왕국과 영광: 오이코노미아와 통치의 신학적 계보학을 향하여』. 서울: 새물결, 2016.

_____/정문영 옮김. 『아우슈비츠의 남은 자들: 문서고와 증인』. 서울: 새물결, 2012.

_____/양창렬 옮김. 『장치란 무엇인가?/ 장치학을 위한 서론』. 서울: 난장, 2010.

_____/박진우 옮김. 『호모 사케르: 주권 권력과 벌거벗은 생명』. 서울:

새물결, 2008.

천정환. "누가 촛불을 들고 어떻게 싸웠나: 2016/17년 촛불항쟁의 문화정
치와 비폭력·평화의 문제." 「역사비평」 118 (2017.02): 436-465.

최하은. "혜화동1번지 세월호2018: 세월호로 우리의 세계는 재구성되었
는가?" 「공연과이론」 71 (2018.09): 298-304.

카렌 암스트롱/정호영 옮김. 『카렌 암스트롱의 바울 다시 읽기』. 서울: 훗,
2017.

토마스 렘케/심성보 옮김. 『생명정치란 무엇인가: 푸코에서 생명자본까
지 현대 정치의 수수께끼를 밝힌다』. 서울: 그린비, 2015.

피터 홀워드/박성훈 옮김. 『알랭 바디우: 진리를 향한 주체』. 서울: 도서출
판 길, 2016.

한홍구. "촛불과 광장의 한국현대사." 「창작과비평」 45.1 (2017.3):
301-328.

A. N. 화이트헤드/오영환 옮김. 『과정과 실재: 유기체적 세계관의 구상』.
서울: 민음사, 2011.

Agamben, Giorgio. *The Time that Remains: A Commentary on the Letter
to the Romans*. trans. by Patricia Dailey. Stanford: Stanford University
Press, 2005.

Badiou, Alain. *Logics of Worlds*. trans. by Alberto Toscano. London·New
York: Continuum, 2009.

_____. "An Interview with Alain Badiou: Universal Truths and the Question
of Religion." *Journal of Philosophy & Scripture* 3.1 (Fall 2005):
38-42.

Baker, Gideon. "The Revolution is Dissent: Reconciling Agamben and Badiou on Paul." *Political Theory* 41.2 (April 2013): 312-335.

Depoortere, Frederiek. *Badiou and Theology*. London: T&T Clark International, 2009.

Žižek, Slavoj. *The Puppet and the Dwarf: The Perverse Core of Christianity*. Cambridge · London: The MIT Press, 2003.

"철거재개발-서울 관악구 난곡동." https://geozoonee.tistory.com/950. 접속일: 2019년 4월 3일.

이규연의 스포트라이트. "가습기 살균제 대참사 1부: 대한민국, 침묵의 합창." *JTBC*. 2016년 5월 15일.

AJUTV. "제19차 촛불집회 현장서 형제복지원 진상 규명 목소리 울려퍼져." *YouTube*. 2017년 3월 4일. https://www.youtube.com/watch?v=KxEyJ4nSaf8.

찾 아 보 기

(ㄱ)

공백 49, 50, 97, 110, 113, 132, 149
관계 29, 44, 56, 70, 89, 125, 152
광장 31, 32, 34, 38
구조 57, 63, 65, 66, 73, 81, 98, 110,
  129, 151
국소성 135, 139
그리스도 51, 52, 63, 75, 78, 84, 85,
  92
  그리스도의 죽음 89
기드온 베이커 108
기억 51, 92
김덕기 86, 108, 149
김성민 110-113, 149
김용규 92, 102, 103, 149

(ㄴ)
내재성 91

(ㄷ)
단독성 45-47, 55-57, 78, 90, 108
  보편적 단독성 47
단독자 78
  보편적 단독자 79, 83, 84, 87, 89,
  92, 95, 110, 129
단절 34, 75, 90, 127
도미니크 핀켈데 75, 79, 150

(ㅁ)
메시아적 삶 63, 65
메시아적 소명 93
메시아적 시간 63, 66, 72, 118, 131
메시아적 주체 22, 63, 71
메시아적인 것 64, 65, 67, 157
메타구조 51, 57, 110, 146
무상성 53, 71, 117, 220

(ㅂ)
박근혜 29, 30, 146, 150
반변증법 52, 96
배제 58, 59, 88
배제된 포함 58, 70, 144
변증법 98, 127
  이중부정의 변증법 60, 66, 69,
  70, 72, 88, 92, 97, 98, 103, 111,
  116, 119, 126
보편성 21, 45, 46, 48, 53, 55, 78, 79,
  85, 87, 88, 91-93, 95, 98, 99, 102,
  108, 134, 135
  구체적 보편성 85, 86, 108, 110
  유물론적 보편성 46
  추상적 보편성 47, 48, 86, 99, 109
  투쟁하는 보편성 99
보편적인 것 91
보편주의 21, 91, 116, 152
부정의 부정 86

부활 6, 50, 52, 96
빼기, 뺄셈 52, 82, 83, 84

(ㅅ)
사건 21, 22, 45, 46, 48, 50-53,
   55-57, 75, 93, 96, 99, 100, 110,
   111, 117, 120, 124, 131, 135,
   152
사구부정 60
사용 23, 70, 71, 120
상징계 83, 86
상황 10, 14, 25, 37, 46, 48, 49, 51,
   53, 69, 83, 89, 110, 129
상황의 상태 51, 110
서동욱 70, 108, 151
세월호 10, 14, 20, 23, 27-31, 38,
   140, 144, 149
소명 65, 93
슬라보예 지젝 22, 75, 77, 78, 97,
   151, 152
시간 6, 22, 29, 31, 56, 63, 65-67, 72,
   94, 100, 112, 118, 125, 127, 128,
   131, 134, 135, 147, 151
시민 28, 36, 43, 143, 145, 148, 151,
   152
시민적 주체 10
실재계 83, 84, 129

(ㅇ)
안토니오 네그리 103
알랭 바디우 21, 23, 44-47, 50, 51,
   124, 125, 143, 150, 152, 154

약함 70, 71, 86
예외 48, 58, 69, 113
용수 60, 152
유물론 95, 142
[율]법 117
은총 117
일리야 프리고진 134, 153

(ㅈ)
자본주의 19, 109
자크 라캉 81, 82, 83
잔여 14, 23, 56, 59, 60, 68, 71, 72,
   91, 95, 112, 119, 120, 122, 123,
   129, 152
  잔여-주체 14, 56, 68, 71, 72
잠재성 139, 140
정체성 47, 109, 144
조르조 아감벤 57, 59, 64, 153
주변부 15, 19, 20, 132, 137, 139,
   141, 143, 145-147
주체 10, 11, 14, 15, 17, 19
  우주-주체 129, 130, 131
  점-주체 123, 125, 129
  주체-되기 11, 14, 15, 17, 1-21,
   23, 24, 27, 29, 38, 43, 137, 139,
   141, 143, 145, 147, 148
  파동-주체 125, 127, 128, 129
주체성 109, 112, 120
  찌꺼기 주체성 52
죽음 77, 81, 89, 129
지금 9, 67, 99, 100, 101, 145
지속 15, 76, 93, 105, 107, 109, 111,

113, 115, 117, 119, 121-123,
125, 127-129, 131-133, 135,
139, 143
주체의 지속 15, 105, 122, 123,
132, 135, 139, 143

(ㅊ)
촛불 27-33, 36, 39, 149, 153
촛불광장 31, 32, 43, 35
촛불항쟁 14, 21, 23, 25, 27-39,
43, 137, 143
촛불혁명 20, 28, 30, 151
최순실 30
충실성 50, 52, 54, 93, 118, 125, 139,
143

(ㅋ)
케노시스 14, 72, 75, 76, 88
유물론적 케노시스 14, 72, 88
이중적 케노시스 76

(ㅍ)
포함된 배제 58, 59, 88
피터 홀워드 47, 50, 125, 154
필리페 페탱 109

(ㅎ)
효력정지, 작동정지 59, 70, 71, 113,
117